오규원 시 전집 1

오규원 시전집 1

초판 1쇄 발행 2002년 2월 26일
초판 8쇄 발행 2023년 11월 6일

지은이 오규원
펴낸이 이광호
펴낸곳 ㈜문학과지성사
등록번호 제1993-000098호
주소 04034 서울 마포구 잔다리로7길 18(서교동 377-20)
전화 02) 338-7224
팩스 02) 323-4180(편집) / 02) 338-7221(영업)
전자우편 moonji@moonji.com
홈페이지 www.moonji.com

ⓒ 오규원, 2002. Printed in Seoul, Korea

ISBN 978-89-320-1312-8 04810
ISBN 978-89-320-1311-4 (세트)

이 책의 판권은 지은이와 ㈜문학과지성사에 있습니다.
양측의 서면 동의 없는 무단 전재 및 복제를 금합니다.

오규원 시전집 1

문학과지성사

오규원 시전집 1

| 차례 |

분명한 사건

서쪽 숲의 나무들 / 17
길 / 19
분명한 사건 / 21
정든 땅 언덕 위 / 23
현상 실험(別章) / 27
무서운 사건 / 28
현황 B / 30
그 마을의 주소 / 33
그 이튿날 / 35
꽃이 웃는 집 / 36
무서운 계절 / 38
들판 / 40
맹물과 김씨 / 42
육체의 마을 / 44
사내와 사과 / 47
삼월 / 48
현상 실험 / 49
밝은 밤 / 52
서쪽 마을 / 54
아침 / 55

대낮 / 56
사랑 이야기 / 57
포도 덩굴 / 59
인식의 마을 / 60
루빈스타인의 초상화 / 61
주인의 얼굴 / 62
즉흥곡 / 63
몇 개의 현상 / 64
雨季의 시 / 68
겨울 나그네 / 70

순례

순례 序 / 75
비가 와도 젖은 자는 / 78
적막한 지상에 / 80
기댈 곳이 없어 죽음은 / 81
아무리 색칠을 해도 / 82
허공의 그 무게 / 83
마지막 웃음소리 / 84
호명하지 않아도 / 85
바다에 닿지는 못하지만 / 86
떨어져 내린 빛은 / 87
그리고 우리는 / 88
살아 있는 것은 흔들리면서 / 89
진실로 우리는 / 90
비가 와도 이제는 / 91

비밀 / 92
우리가 기다리는 것은 / 93
어둠의 힘 / 94
만남이 무엇인지도 모르고 / 95
푸른 잎 속에 며칠 더 머물며 / 96
아름다움은 남의 나라 / 97
別章 3편 / 98
詩 / 102
序 1 / 103
序 2 / 105
序 3 / 106
남들이 시를 쓸 때 / 107
개봉동과 장미 / 109
바람은 뒤뜰에 와 / 110
회신 / 111
웃음 / 112
고향 사람들 / 113
어느 마을의 이야기 / 114
단장 1 / 115
단장 2 / 116
단장 3 / 117
단장 4 / 118
저녁때 / 119
기울어진 몸무게를 바로잡으려고 / 120
행진 / 121
몇 개의 불빛만 / 122
구체적인 애기를 / 123
이 가을에는 / 124
김씨의 마을 / 125

왕자가 아닌 한 아이에게

용산에서 / 149
당신을 위하여 / 150
커피나 한잔 / 152
버리고 싶은 노래 / 153
문득 잘못 살고 있다는 느낌이 / 154
아침부터 소화가 안 되는 얼굴을 한 꽃에게 / 155
고통이 고통을 사랑하듯 / 156
코스모스를 노래함 / 157
亡靈童話 / 158
보물섬 / 160
하늘 가까운 곳 / 162
소리에 대한 우리의 착각과 오류 / 163
병자호란 / 164
戲詩 / 165
나의 데카메론 / 166
가나다라 / 168
경복궁 / 169
유다의 부동산 / 170
그 회사, 그 책상, 그 의자 / 172
이 시대의 순수시 / 173
김해평야 / 175
방아깨비의 코 / 177
환상을 갖는다는 것은 중요하다 / 179
등기되지 않은 현실 또는 돈 키호테 略傳 / 182
한 나라 또는 한 여자의 길 / 185
환상 또는 비전 / 189
빗방울 또는 우리들의 언어 / 190

불균형, 그 엉뚱한 아름다움 / 195
네 개의 편지 / 198
콩밭에 콩심기 / 202
시인들 / 205
겨울숲을 바라보며 / 207
冬夜 / 208
頌歌 / 209
한 구도주의자의 고백 / 211
사랑의 기교 1 / 212
사랑의 기교 2 / 214
사랑의 기교 3 / 215
꿈에 물먹이기 / 217
눈물나는 잠꼬대 1 / 218
눈물나는 잠꼬대 2 / 220
개봉동의 비 / 222
한 잎의 女子 / 223
不在를 사랑하는 우리집 아저씨의 이야기 / 224

이 땅에 씌어지는 抒情詩

상사뒤야 1 / 229
상사뒤야 2 / 230
이 시대의 죽음 또는 우화 / 232
門 / 234
골목에서 / 236
어둠은 자세히 봐도 역시 어둡다 / 238
우리집의 그 무엇엔가 / 240

바람은 바람의 마음으로 / 242
두 風景의 두 가지 이야기 / 243
빈약한 상상력 속에서 / 245
그리고 그곳에는 / 250
그들이 빛나지 않으므로 / 251
「꽃」의 패러디 / 252
빈자리가 필요하다 / 254
우리 시대의 純粹詩 / 255
마음이 가난한 者 / 261
구멍 / 262
다섯 개의 寓話·1 거울 / 264
다섯 개의 寓話·2 노래 / 266
다섯 개의 寓話·3 우리집 아이의 장난 / 267
다섯 개의 寓話·4 공기 / 269
다섯 개의 寓話·5 시계와 시간 / 271
7월 素描 / 272
당신에게 남겨놓은 자리 / 273
죽고 난 뒤의 팬티 / 274
공중전화 / 275
제주도 / 276
내 머리 속까지 들어온 도둑 / 277
보이는 것과 보이지 않는 것 / 279
더럽게 인사하기 / 280
우리들의 어린 王子 / 281
끈 / 282
그렇게 몇 포기 / 284
시간의 사랑과 슬픔 / 285
童話의 말 / 287
그것 참, 글쎄…… / 289

70년대의 流行歌 / 290
登村童話 / 293
어떤 도둑 / 295
어떤 感動派 / 296
색깔이 하나뿐인 곳에서의 人間의 노래 / 298
어떤 개인 날의 葉書 / 299
그 말 그대로 / 301
살풀이 / 303
소주 한잔하게 하소서 / 305
시흥에서 / 306
아프리카 / 307
씨앗은 씨방에 넣어 보관하고 / 308
밀양강 / 309
누이 分得 / 312

가끔은 주목받는 生이고 싶다

봄 / 315
우리는 어디서나 / 316
한 시민의 소리 / 318
운동 / 319
나무야 나무야 바람아 / 320
분식집에서 / 322
정방동에서 / 323
거울 또는 사실에게 / 325
층계 위에서 / 327
바다의 길목에서 / 329

귤을 보며 / 331
서울·1984·봄 / 334
말 / 342
버스 정거장에서 / 343
남대문시장에서 / 345
충무로에서 / 347
하나와 둘 / 349
黃菊 / 350
나무에게 / 351
無法 / 352
송충이 / 353
구둣발로 차고 가는구나 / 355
詩人 久甫氏의 一日 1 / 357
詩人 久甫氏의 一日 2 / 360
詩人 久甫氏의 一日 3 / 363
詩人 久甫氏의 一日 4 / 365
詩人 久甫氏의 一日 5 / 367
詩人 久甫氏의 一日 6 / 369
詩人 久甫氏의 一日 7 / 370
詩人 久甫氏의 一日 8 / 371
詩人 久甫氏의 一日 9 / 373
詩人 久甫氏의 一日 10 / 376
詩人 久甫氏의 一日 11 / 380
詩人 久甫氏의 一日 12 / 381
詩人 久甫氏의 一日 13 / 382
詩人 久甫氏의 一日 14 / 383
이반 데니소비치의 하루 / 384
나는 부활할 이유가 도처에 없었다 / 385
오늘 / 387

모래와 코카콜라 / 389
해태 들菊花 / 390
빙그레 우유 200ml 패키지 / 391
MIMI HOUSE / 393
가끔은 주목받는 生이고 싶다 / 396
롯데 코코아파이 C.F. / 397
자바자바 셔츠 / 400
NO MERCY / 403
사냥꾼의 딸 / 406
프란츠 카프카 / 407
눈의 老化―나이 탓만은 아닙니다 / 408
그것은 나의 삶 / 409

제목 색인 / 410

분명한 사건
1971

서쪽 숲의 나무들

1

나의 음성들이 외롭게 나의 외곽에 떨어지는
따스한 겨울날.
골격뿐인 서쪽 숲의 나무들이
환각에 젖어
나무와 나무 사이에 공간이 생기고 있다.
떡갈나무 갈참나무 상수리나무
너도밤나무도 모르게
동쪽과 서쪽 사이에 이론이 생기고
어쩌다가 잠 깬 시간이
머리를 갸웃거리곤 했다.
심심한 바람은 공간에 먼지를 쌓고
십칠세기 외투를 입은 산비둘기는
그해의 마지막 획득처럼
차이코프스키 교향곡 몇 소절을 울었다.

2

순례를 마친 나무들이

가만히 지층으로 뿌리를 뻗는다.
바람은 서쪽에서 불어오고
山幕에 잠든 목신이 기침을 한다.
관목숲에서 확대경을 끼고
밤의 배경을 뒤지는 달빛.
마을은
자물쇠를 튼튼하게 채우고
후방의 스산한 가장무도회에 떠났다.
단수로 남은 家僕들을
흔드는, 흔드는 등피.
태아들은 혼례가를 부르며 밤마다 숲으로 간다.

길

눈물 속에 산소와 수소가
나란히 걸어가고
원자들이
타협적인 눈을 굴리며
어깨동무를 하고 있다.
강철 속에
5억 5천만 년 전에 죽은
삼엽충의 발바닥과
대장간의 망치에서 떨어진
오물이
정열적인 포옹을 하고 있다.
그 옆에
결론이 놓고 앉아 보고 있다.

서쪽으로 고개를 돌린
강철이 떨고 있다.
살과 살 사이에 뼈와 뼈 사이에
찬 바람이 불고 때 아닌 눈보라가
五官의 뜰에 핀 꽃줄기를 비틀고 있다.
쓰러진 것들이 모두 달려와
질문의 창을 두드려도

거부의 근엄한 표정은, 오 육감을
하나씩 거두어들이고 있다.

수술과 암술이 떠나고 꽃잎과 꽃받침이 떠나고
꽃밭이 떠나고
마지막엔 풀이 흔드는 작별의 손이 보이고
인사도 없이 골목이 떠나고 길이 서 있다.
산소와 수소 사이에 호올로
삼엽충의 발바닥과 오물 사이에서 호올로.

분명한 사건

안경 밖으로 뿌리를 죽죽 뻗어나간
나무들이
서산에서
한쪽 다리를 헛짚고 넘어진 노을 속에
허둥거리고 있다.
키가 큰 산오리나무의 두 귀가
불타고 있다.

시간의 둔탁한 대문을
소란스럽게 열고 들어선
밤이
으스름과 부딪쳐
기둥을 끌어안고
누우런 밀밭을 밟고 온
그 밤의 신발 밑에서
향긋한 보리 냄새가
어리둥절한 얼굴로
고개를 내밀고 있다.

골목에서
작년과 재작년의 죽음이

서로 다른 표정으로
만나고
그해 죽은 사람의
헛기침 소리 하나가
느닷없이
행인의 뒷덜미를 후려치고 간다.

정든 땅 언덕 위

1

죽은 꽃들을 한 아름 안고
문 앞까지 와서
숙연해지는 들판.
그 언덕 위에
건장한 남자들이 휘두른
두 팔에
잘려진 채
그대로 남아 있는
목책.

홀아비로 늙은 삼식이의
초가집
뜰이
풀잎 위에 떠 있다.
드문드문 떨어져
나직하게
오보에를 부는 나무들이
요즘도 살고 있는 골짜기로
올해 들어 첫번째로

하늘의 일부가 열리고
종종종……
고전적으로 내리는 비.

그때 10년 만에
부스스 눈을 뜨고
한 발로 파도를 누르는 산.
그때 10년 만에
처음으로 잠드는 바다.

2

언덕 위
비극의 내 생가.
나의 과거를
부르는 놈은
숲에서 뛰어나온
나체의 산이다.
옆집 창문으로 들어온
산돼지다.

뜰의 나무 잎 뒤에서
방의 벽지 뒤에서
노려보는 놈은
꽃이 될 비극이다.

글쎄, 당신은 모른다니까
내가 무슨 노래를 하는지.
글쎄, 이빨 사이에 끼인
죽은 바다는 빼냈다니까.

3

건넛마을의 김씨가 찾아왔다.
김씨를 만나면
그의 살 속 여윈 뼈가 보인다.
얼굴의 광대뼈가
빌딩의 사각창보다
외로운 각도다.
김씨가 오면 바람이 불지 않는다.
그가 있는 곳은 여름

여름 속의 양철집.
그를 따라다니는 것은
부러진 나뭇가지에서 상처를 입은
바람.
그가 오면 햇빛이 보이지 않는다.
그는 햇빛 속에 사는 나를 비웃는다.

현상 실험
―別章

투명한 심상의 바다 속에 사는 낱말은
외로운 몇 사람이 늘 서 있는 그 배경만큼
조용히 사색의 귀를 열고 있다.
나의 家僕이 유모차를 끌고
한낮의 거리에서 疎外를 밀 동안
낱말은 지친 바람을
가만가만 풀잎 위에 안아 올린다.
환각의 땅 위에는 눈 내리는 겨울 방학의
포근한 안정감이 쌓이고
비둘기의 날개가 구름처럼 흐르고
가끔 이유도 두근거리고.
투명한 심상의 바다 속에서는
오늘 저녁에라도 깨어날 몇 사람의 인기척.
낱말은 외로운 그 몇 사람처럼
아직 날지 못하는 새를 기르며
단절된 시간을 한 장씩 넘기고 있다.
공간에 의자를 내놓고 책을 읽으며
때때로 어린 새의 질량을 느끼며
아, 떨리지 않는 건강한 손으로
소멸할 하루의 일정을 거두어들인다.

무서운 사건

피곤한 인질의 잠이
소집당하고 있다
탐욕의 어둠 허위의 어둠이
오늘 하루를 이끌고 온 당신의 엉큼한 협상의 눈이
소집당하고 있다
거리에 깔린 불안을 다리로 질질 끌며 이
아름다운 밤의 식탁에 초대되고 있다

주인의 손에는, 완벽한 동의의
빛을 반짝이는 탈색된 표정으로 눈 감고 있는 한 자루의 칼
그 옆에는, 편안히 누워서
안정감을 뒤적거려보며 해결을 기다리는 접시
밤마다 빠지지 않는, 식탁과 의자와
장롱과 방바닥 방바닥 밑의 그림자

눈을 반쯤 감은 어제의 죽음이
끌려오고
오늘의 거리를 구경한 나뭇잎의 신경이
공포의 그 순간이 끌려오고
주인의 손에서 칼이
식탁과 의자와 장롱과 방바닥이

방바닥 밑의 그림자가 천천히 눈을 뜨고

24시간 1,440분 86,400초가, 차례로
검토되고 있다
86,400초의 관계가, 살을 내놓고
옷을 벗는다 그리고 과거가 소집당하고 있다
독립할 수 없었던 미래가, 아 순진한
미래가 체포되어 식탁 위에 오르고 있다

현황 B

1

당신에게 외면당한 현실의
뒤뜰 구석에는
신의 왼쪽 발
뒤꿈치가 적발된다.
분실한 잠이
몇 송이 라일락꽃이
적발되고
지붕 밑 서까래에서
낡은 돌쩌귀가 적발된다.

당신의 책상 서랍에는
우편 요금에게 미안한 얼굴을 하고
봉투가 앉아 있다.
천사가 먹다 남긴
추억의 빵이 몇 조각.
그 옆에
새벽 2시의
음침한 불빛이 들어 있다.

오오 묻지는 말게
그게 뭐냐고

2

시간의 육신이 부서지고 있다.
들쥐들이 갉아 먹은 뜰이
조금씩 간격을 두고
분쟁을 제기하는 나무들이
어둠에 구멍을 뚫고 있다.

신경의 왼쪽과
오른쪽에서
오른쪽과 왼쪽에서
버려진 나의 깊은 우물 속을
내려가는
빈 두레박 소리가 빠져나오고
발자국이 큼직큼직한 악몽이
등뼈를 타고 넘어오고 있다.

3

오오 묻지는 말게
그게 뭐냐고.
수은주 속으로 창백한
미래가 기어오르고
바람이 의자 밑에서
쓰러진 시간의 뼈다귀를
추리고 있다.
백지들이
마른 감정의 밑바닥을 핥고
낱말의 궁색한 표정을
창밖의 풍경이 노려보고

내장에 드러누운
불길한 환각을 반출하는 정맥의
발소리가
문지방을 밟고
말갛게 內部를 닦아낸 유리창을 통과하고 있다.

그 마을의 주소

1

그 마을의 주소는 햇빛 속이다
바람뿐인 빈 들을 부둥켜안고
허우적거리다가
사지가 비틀린 햇빛의 통증이
길마다 널려 있는
논밭 사이다
반쯤 타다가 남은 옷을 걸치고
나무들이 멍청히 서서
눈만 떴다 감았다 하는
언덕에서
뜨거운 이마를 두 손으로 움켜쥐고
소름 끼치는, 소름 끼치는 울음을 우는
햇빛 속이다

2

행정 구역이 개편된
그 마을의 주소는 허공 중이다

목마른 잎사귀들의 잔기침 소리로
종일 어수선한 하늘 속이다
갈 곳 없는 목소리들은 나뭇가지에
모여 앉아
편애의 그물을 짜고
그 위에서 나른한 잠을 즐기던 유령들이
시나브로 떨어져 죽는
편입된 하늘의 일대다

그 이튿날

바람이 불고 간 그 이튿날
뜰에 나간 나는
감나무의 그림자가 한 꺼풀 벗겨진 걸
발견했다.
돌아서는 순간
뜰이 약간 기울어진 걸
발견했다.

뜰 위에는
부러진 아침 어깨뼈의 일부.
부러진 하느님 어깨뼈의 일부.

대문을 열고 출근하는 나의 발에
골목에 찢어져 뒹굴던
산의 외투가 한 자락 걸렸다.
아침을 픽픽 웃는
엊저녁 광대뼈의 표정이 보였다.

꽃이 웃는 집

나뭇가지를 타고
이웃집으로 도주해버린
시간의 신발이
발을 떠나서
거주하는 뜰을

이혼 승낙서를 앞에 놓고
어깨를 나란히한
두 송이 꽃이
웃으며 보고 있었다
곡괭이를 빠져나온 長木 자루가
바보처럼
허리를 구부리고
담 밖을 기웃거리다가
되돌아 들어가곤 하는
그 집에는

집의 도주를 돕는 잠을 자는
사방에
난폭한 벽의 고집이
대못을 꽝 꽝 박아놓고

뒤로 물러서서
지키고 있었다

무서운 계절

잠 못 이룬 새벽 2시쯤
산기슭에 자리 잡은 조그만 집의
조그만 방의 새벽 2시쯤
그때마다
집 옆의 계곡이 밤을 견디며
쿨룩 쿨룩 기침하는 소리를
듣곤 했다고
몇 년 만에 下釜한 나에게
당신은 말했다.
나는 그때 당신의 눈이
내 오장을 훑어가는 것을
보고 있었다.
당신은 담담한 얼굴로
무서운 사실을 얘기하고,
고층 건물의 모진 옆구리에 걸려
기울어진 하늘이나
어딘가 쓸쓸한 도시의 창문들의
어깨를 매일 보는 나지만,
절망이란 말이 쉽지
어디 발에 차이는 돌멩이 같은가.

그리고 매일
바람에 흔들리며 부르르 떨고 있는
나뭇잎의 새파랗게 질린 표정을
과연 몇 사람이 보고 있을까.

들판

관절염을 앓는
늙은 감나무 가지 사이로
엉큼한
서너 개의 바람이 불고 있다.

드문드문 누워서
햇빛을 쬐는 무덤에서
김해 김씨의 족보와
창세기 제1장 제2절이
걸어 나오고

먼지 속에 묻혀버린
발자국이
매일 풀밭에서 벌어지는
신의 음모에 참석차
기웃둥 기웃둥
가고 있다.

길이 끝난 곳에
산이
무릎을 꿇고 앉아 있다.

오, 시간이 외그루 나무처럼 서서
지나가는 사람의
모자를
차례로 벗기고 있다.

맹물과 김씨

김씨의 웃음은 맹물이다
그렇게 말하면서도
환쟁이 친구 녀석의 화폭에는
맹물이 고이지 않고
상수도를 빠져나온 물이
번쩍
하고 마주친 전등 밑에서
두 손으로 얼굴을 가리고 있었다

이튿날 방문했을 때
아틀리에에는
나요! 나요! 나요!
손을 든 일만 개의 웃음 사이에
우두커니 선 그의 턱까지
일만 개의 웃음과 웃음을 꿰맨
가봉의 바늘구멍으로 쏟아진 물이
다리를 뻗고 누워 있었다
김씨의 웃음은 그 위에 떠도는
한 송이 꽃같이
바람에 안겨 있었다

그때부터 김씨의 집에 가도
나는 웃지 않았다
김씨의 집에는
개머루 덩굴 하나가
빈 들의 하얀 배경을 갉으며
파란 터널을 만들고
두 쪽으로 깨어진 유리처럼
차츰 파괴되어가는 하늘을
맹물이 비추고 있었다

얼마 후 그를 만났을 때
녀석도 웃지 않았다
그의 화폭에는
죽음의 뜰에 발가락을 내놓은
갈참나무 한 그루가
햇빛에 산산조각되어
흩어지고 있었다

육체의 마을

　　　　*

마을의 끝에 가면
풀밭 속에
마을의 발이 보인다.
주저앉은 마을의
바짓가랑이 속의
공동과
하얀 한쪽 발이 보인다.

　　　　*

나무들이 육체를 떠나
내 손 위에 오른다.
딱따구리들이 일제히
허공을 쪼고 있다.
딱 딱 딱
깨어지는 하늘 사이로
보이는
뼈가 단단히 여문

대문의 일부.

    *

몇 개의 손가락으로
굳어진 가옥들.
피가 통하지 않는 손톱은
남이
잘라도 아프지 않다.
손톱 밑의 어둠
손톱 밑의 시공
오, 손톱 밑의 천국
그 속에 빠져 뒹구는
유리구슬 하나.

    *

풀 밑에 풀들이 옷을
벗고 놀고 있다.

싱싱한 육체 위에서
아이들의 목소리가
무수히 점프하고 있다.
아— 아— 아—
불타는 음성 속에
뜰의 육체가, 잡목이 불타고
타고 남은 육체가
상처 하나 입지 않고
햇빛과 햇빛 사이로 불쑥
고개를 내미누나.

사내와 사과

한 사내가 슬그머니 사과 속으로 들어가더니 아무도 없는 응접실의 접시 위 사과가 어슬렁 어슬렁 거닐고 대낮의 욕정이 전신으로 내리박히어 벌겋게 독이 오른 맨살 밑의 캄캄한 공간에서 씨방이 분주하게 삽질하는 소리가 들린다.

삼월

삼월에 신은 남쪽
물결을 타고 온다.
봄에 일할 가복들을
양 허리에 끼고,
해변의 동사무소에서
주민 등록의 서류를 갖춘다.
결재가 날 동안
나무들은 예산을 끝내고
들은 목책을 헐고
부드러운 바람을 방목한다.
아, 배태의 순간은
뜰 위에 방학이 내려와 노닥거리는
학동의 마을이다.
신이 웃고 있는 곳에
심상이 간지러운 보슬비는
내리고.

현상 실험

1

언어는 추억에
걸려 있는
18세기형의 모자다.
늘 방황하는 기사
아이반호의
꿈 많은 말발굽쇠다.
닳아빠진 인식의
길가
망명 정부의 청사처럼
텅 빈
상상. 언어는
가끔 울리는
퇴직한 외교관댁의
초인종이다.

2

빈 하늘에 걸려

클래식하게
서걱서걱하는 겨울.
음과 절이 뚝뚝 끊어진
시간을
아이들은
공처럼 굴린다.
언어는, 겨울날
서울 시가를 흔들며 가는
아내도 타지 않는 전차다.
추상의
위험한 가지에서
흔들리는, 흔들리는 사랑의
방울 소리다.

3

언어는, 의식의
먼 강변에서
출렁이는 물결 소리로
차츰 확대되는

공간이다.
출렁이는 만큼 설레는,
설레는 강물이다.
신의
안방 문고리를
쥐고 흔드는
건방진 나의 폭력이다.
광장에는 나무들이
외롭기 알맞게 떨어져
서 있다.

밝은 밤

갈참나무 떡갈나무 물오리나무
상수리나무 잎사귀들이
두 손으로
움켜쥔 어둠이
닳아빠진 말발굽 소리를 내며
손가락 사이로
빠져나가고 있다.
서해에서
맨발로 달려온
허기 찬 한 사내가
밤새도록
닳아빠진 말발굽 소리를
먹고 있다.

바람이 불 때마다
으으으
신경이 떨리는 소리에
달이 산산조각이 되어 흩어지고
지층에서 얘기하던
소극적인 사람들의 말소리가
밤의 한쪽에

바늘만한 구멍을 뚫고
그 속으로
보이기 싫은
세계의 눈물이 한 방울
뚜욱 떨어지고 있다.

서쪽 마을

등나무 잎 사이의 바람이 일어나
혼자
아침 산책을 하고 있다.
온몸 운동을 하며
잠 깬 숲의 나무들과
자욱한 안개를 밀고 있다.
브라질에 이민 간 친구의
적적한 서너 마디의 안부도
잡풀 속에서 말없이 일어서고
물빛보다 연하게
리듬을 퉁기는 먼 나라의 아침.
도마 위에
감각이 신선한 야채의 이미지가 놓인다.
현관에서
나를 기다리는 신발을
딱딱한 시멘트 바닥이 기웃거리고
방구석의 휴지들이 부스럭거리고
깊은 잠 속에 다시 한 번
잠들어 닿는,
잠 깨지 않는 마을의 江이
몸을 뒤채며 돌아눕는다.

아침

날마다 아침은
구름 아래로 깔리는
삼월의 뜰에 서 있곤 했다.
밤새 앓던 심한 편두통을
잠시 잊고
시중에 나와
가등처럼 잠깐 떨며 가는
사방을
전송하곤 했다.
버스는 붐비고 출근은 서둘러도
몇 사람은 좀더 당황하기 위하여
걸음을 멈추고
환상의 문이 되고, 빗장이 되고……
졸던 바다가 깨어날 동안
산속의 너도밤나무처럼
귀를 세우고 서 있곤 했다.

대낮

환상의 마을에서
살해된 낱말이
내장을 드러낸 채
대낮에
광화문 네거리에 누워 있다.

초조한 눈빛을 굴리는
약속이
불타는 西市의 거리를 지나다가
피투성이가 되어
그 위에 쌓인다.

사랑 이야기

유리처럼 새벽에 깨끗이 부서지는
밤, 그 밤의
깨어지는 소리 속의 쟁한 메아리와
무엄하게
사어들의 기침 소리를 캐내던 사내가
신에게 적발되어 신국의
말뚝에 매여 있네

마을의 판자 벽을 울리며
들판에 깔린 가을의 羊毛를 차례로
벗겨가는 소리,
그 소리를 남몰래 쥐었다가
하늘을 한 꺼풀 벗기는 소리에
돌돌 말려간 여자가
공중에서
구름과 구름 사이에
끼여 있네

그 사이를 오르내리는
몇 개의 길이
굽은 허리를 펴며 투덜거리네

生木들의 잎은 거울이라서
잘 부서진단 말이야

포도 덩굴

사랑하는 것들의 눈뜨는
소리와
사랑하는 것들의 눈감는
소리
사이로 뻗어 있는
싱싱한 포도 덩굴.

마른 미류목 잎들이
풀, 돌멩이, 토끼똥……
이런 이름들과
가볍게 내통하는 길 옆에

우리의 귀를 간질이는
것들의 말소리와
만세를 부르는 아이들의
눈 사이로
뻗어 있는
싱싱한 덩굴을 흔드는 포도 송이.

인식의 마을

인식의 마을은 회리바람이더라 흔들리는 언어들이더라
무장한 나무들이더라
공장에선 석탄들이 결사적이더라
인식의 마을은 겨울이더라 강설이더라
바람이 동상에 걸린 가지를 자르더라
싸늘한 싸늘한 적설기더라 밤이더라

루빈스타인의 초상화

　명동 뒷골목에서 1권에 일금 70원을 주고 사온 낡은 새터데이 리뷰誌의 루빈스타인 초상화가 나의 생계를 굴려보고 있다 주먹 쥐고 실력을 발휘한 무수한 시간의 흔적 그 여유만만한 주름살 위에 출렁출렁 넘치는 웃음이 글쎄 넌 모른다니까 왜 백지 위에서 나의 현실을 멋대로 이저리 굴리는지 습관처럼 명동 뒷골목서 나는 오늘 또한 싸구려로 남들의 생애를 훔치지만 글쎄 넌 모른다니까그래 70원의 배경을 점검하는 루빈스타인 초상화가 오 내일은 나의 전생활조차 도둑질해가고 남은 나는 빈손으로 앉아 있을 것을

주인의 얼굴

 독신을 즐기는 쌍문동 종점, 독신을 즐기는 주인의 하숙집 귀를 사정없이 자른 인물은 옆집 아가씨의 구두에 차인 돌멩이다. 어린 애들이 휘두르는 장난감 칼에 두 동강이 난 전쟁이다.

 매일 종점의 마당에서 세발자전거를 몰고 있는 주인. 그를 영원히 외출시킨 인물은 골목의 꽃집 속의 장미다. 혼자 살다 어제 죽은 뒷산 인동초 한 그루다.

 주인이 없는 방 벽에서 흔들리는 옷가지. 주인이 없는 방 안에서 혼자 앉은 불빛. 주인이 없는 방 앞에서 돌아서는 바람. 오, 주인이 없는 방 안에서 사는 죽은 주인의 얼굴.

즉흥곡

조용히 걸으면서
바람이
나뭇잎을 희롱하는 모습을 본다.

잠시 걸음을 멈추고
바람이 지나간 뒤
정적 속에 박혀 있는
나뭇잎을 본다.

나뭇잎은 꼼짝도 않고
주변의
풍경조차 움직이지 않는다.

잠시 걸음을 멈추었다가
다시 걷는다.
나뭇잎이 다시 흔들리고
풍경이
뒤로 물러서는 모습을 본다.

몇 개의 현상

I. 빛

1

떨어지는 순간
빛은
하얀 공간에
꽃병도 없이 어딘가 꽂힌
꽃이 된다.
낱말도 없는
문장에
꽂힌
한 송이의
꽃이 된다.
고층의 건물이
사방으로
훨훨 날아다니는,
젊은이들이
중풍에 걸린
개를 타고 돌아다니는

어느
삭막한 나라에는
신의
손에서 풀려 나오는 순간
빛은
미친 듯이 확확 타는
꽃이 된다.

2

그는
알 수 없는 종교가 되어
공중에
빛나고 있다.
그는
변신하여
떨어진다.
땅 위에서
반짝이는 사람의 눈과 눈 속에
조용히 쉬며

빛나고 있다.
알 수 없는 낱말과 눈짓이
출렁거리고 있다.

II. 환상의 땅

고요한 환상의
출장소
뜰, 뜰의
달콤한 구석에서
언어들이
쉬고 있다.
추상의 나뭇가지에
살고 있는
언어들 중의
몇몇은
위험한 나뭇가지 사이를
날아다니다
떨어져 죽고.
나의

고장난 수도꼭지에서도
뚜욱 뚜욱
언어들이 죽는다.
건강한 언어의
아이들은
어미의 둥지에서
알을 까고,
고요한 환상의
출장소
뜰에
새가 되어
내려와 쉰다.
의식의
고장난 수도꼭지에서
쉰다.

雨季의 시

빗속으로 달음질쳐 너는 가고.
지금
네가 남긴 한 짝의 신발에
안개가 괸다.
눈을 감고 기억을 밀며
안개가 괸다.
나는 젖은 사방.
나는 오로지 기간에 기대어
따금씩 상실과 획득 그 사이
뚜욱 뚜욱 떨어지는 빗방울의
중량을 받는다.
구속에서 가능했던 너의
자유의 땅, 가운데서 나는 있다.
그곳을 덮은 우거진 숲인 나.
가지 끝에 미명을 사르던
잎새들의 통합을 조용히 받는다.
붉디붉은 입술로 햇살의
投情을 빨던 꽃나무들이
하나의 기호로 무르익은 것
던져진 육신을 받는다.
계절은 지난날 치닥거리던

그 시간들을 석방했다.

잃어버린 의미 속에서 混性을
그냥 웃어버린 일월이 덮친다.
스물네 개의 허이연 이빨이 열린다.
빗속으로 달음질쳐 너는 가고.
비 젖은 둘레에서 한갓 사실로 돌아온
생명의 무게를 나는 주워든다.
아니 너의 한 짝 신발을 든다.
한 짝 신발에 괸 강우량
속으로 달음질쳐 너는 가고.

겨울 나그네

지난 겨울도 나의 발은
발가락 사이 그 차가운 겨울을
딛고 있었다.
아무 데서나
심장을 놓고
기웃둥, 기웃둥 소멸을
딛고 있었다.

그 곁에서
계절은 귀로를 덮고 있었다.
모음을 분분히 싸고도는
인식의 나무들이
그냥
서서 하루를 이고 있었다.

지난 겨울도 이번 겨울과
동일했다.
겨울을 밟고 선 내 곁에서
동일했다.
마음할 수 없는 사랑이며, 사랑……
내외들의 사랑을 울고 있는 비둘기

따스한 날을 쪼고 있는 곁에서
동일했다.

모든 나는 왜 이유를 모를까.
어디서나 기웃둥, 기웃둥하며
나는 획득을 딛고
발은 소멸을 딛고 있었다.

끝없는 축복.
떨어진 것은 恨대로 다 떨어지고
그 밑에서 무게를 받는 일월이여.
모두 떨어져 덤숙히 쌓인 위에
감당할 수 없는 무게로
발자국이 하나씩 남는다.

손은 필요를 저으며 떨어져나가고.
손은 필요를 저으며 떨어져나가고.

서서 작별을 지지하는 발
발가락 사이 이 차가운 겨울을
부수며

무엇인가 아낌없이 주어버리며
오늘도 딛고 있다.

바람을 흔들며 선 고목 밑
죽은 언어들이 히죽히죽 하얗게 웃고 있는
겨울을,
첨탑에서 안식일을 우는 종이
얼어서 얼어서 들려오는
겨울을.

이번 겨울도 나의 발은
기웃둥, 기웃둥 소멸을 딛고.
일월이 부서지는 소리
그 밑 누군가가 무게를 받들고……

순례
1973

순례 序

1

들은 길을 모두 구부린다
도식주의자가 못 되는 이 들〔平野〕이
몸을 풀어
나도 길처럼 구부러진다

2

종일
바람에 귀를 갈고 있는 풀잎
길은 늘 두려운 이마를 열고
나를 멈춘 자리에 다시
웅크린 이슬로 여물게 한다

모든 길은 막막하고 어지럽다 그러나
고개를 넘으면
전신이 우는 들이 보이고
지워진 길을 인도하는 풀이 보이고
들이 기르는 한 사내의

편애와 죽음을 지나

먼 길의 귀 속으로 한 발자국씩
떨며 들어가는
영원히 집이 없을 사람들이 보인다

바람이 분다 살아봐야겠다

3

바람이 분다, 살아봐야겠다
숲이 깊을수록 길을 지워버리는 들에서
무엇인가 저기 저 길을 몰고 오는
바람은
저기 저 길을 몰고 오는 바람 속에서
호올로 나부끼는
몸이 작은 새의 긴 그림자는

무엇인가 나에게 다가와 나를 껴안고
나를 오오래 어두운 그림자로 길가에 세워두고

길을 구부리고 지우고
그리고 무엇인가 멈추면서 나아가면서
저 무엇인가를 사랑하면서
나를 여기에서 떨게 하는 것은

비가 와도 젖은 자는
―순례 1

강가에서
그대와 나는 비를 멈출 수 없어
대신 추녀 밑에 멈추었었다
그후 그 자리에 머물고 싶어
다시 한 번 멈추었었다

비가 온다, 비가 와도
강은 젖지 않는다. 오늘도
나를 젖게 해놓고, 내 안에서
그대 안으로 젖지 않고 옮겨가는
시간은 우리가 떠난 뒤에는
비 사이로 혼자 들판을 가리라.

혼자 가리라, 강물은 흘러가면서
이 여름을 언덕 위로 부채질해 보낸다.
날려가다가 언덕 나무에 걸린
여름의 옷 한 자락도 잠시만 머문다.

고기들은 강을 거슬러 올라
하늘이 닿는 지점에서 일단 멈춘다.
나무, 사랑, 짐승 이런 이름 속에

얼마 쉰 뒤
스스로 그 이름이 되어 강을 떠난다.

비가 온다, 비가 와도
젖은 자는 다시 젖지 않는다.

적막한 지상에
─순례 2

상처의 어두운 골짜기에서
날아오르는 새들
깊고 오래된 메아리 하나처럼
잔가지 사이로 길의 부리를 묻는다.

한 마리의 뱀처럼 기어가는
잠복한 자의 꿈을 본 풀잎이여
들에는 그 꿈 속을 달리다가
그물에 걸린 길만 생선처럼 퍼덕인다.

기댈 곳이 없어 죽음은
―순례 3

아무도 죽음을 부축할 수는 없다.
기댈 곳이 없어 죽음은 눕는다.
그러나 움켜쥔
죽음의 손은 펴지지 않는다.
잡힌 사람들은 그의 손에서 떠나지 못한다.

비가 내린다, 거울 속에
구름이 간다, 그 거울 속에.
비가 내린다,
비를 먹고 무성히 자란 잡풀 속에.

움직여라 죽음이여
그대는 풀잎 하나 흔들지 못한다.

아무리 색칠을 해도
─순례 4

― 아무리 색칠을 해도
　영원히 절망은 혼자 아름답다.

빛나는 것들은 마음이 허하구나 엉키지 않고
흩어지고, 흩어지고 없는 길이 우리를
자주 어리둥절하게 한다.

밤이다, 밤의 문을 열고 들어선
그대와 나는
달빛에 더 단단히 굽히는 지붕 밑에서
차가운 허리를 펴는 잠 속에 癌처럼 앉는다.
아름다워라 휴식이여 깊은 城의 물소리여
휴식 밑을 흘러가는
가느다란 밤의 혈관은
숲의 이슬처럼 부푸는
우리의 귀를 확인하리라.

확인하리라. 달빛에 수태하는 잠을
잠 속에 앉은 그대의 부서지지 않는
그림자의 자물쇠가 一代를 덮고
길게, 기일게 빛남을.

허공의 그 무게
—순례 5

깎아도 밀어도 무너지지 않는
그곳의 그 무게
그러나 손을 뻗으면
손끝이 싸늘한 그곳의 그 무게

잎을 바르게 앉힌
잎 위에 잎만한 하늘을 앉힌
그러나
오, 우리의 손을 이토록 방임한
그곳의 그 무게!

시간의 잎이 몸 하나 다치지 않고
그곳을 통과한다
얼마나 가벼운지!

마지막 웃음소리
—순례 6

어둠에 젖지 않는 것들
자물쇠와 별빛과
별빛에 잦아드는 흐르는 물소리와 사람을
호명하는 그대의 깊은 밤 발자국 소리와

호명이 끝난 뒤에
흩어지는 응답의 사슬을 이끌고 나와
다시 한 번 물소리로 울려서는 끝나지 않는
그대의 웃음소리

나 혼자 다시 보누나
언덕에서 떠난 자들이 떠나다 남긴 길이
저희들끼리 엉키고 무너지는 한 세기를
저희들끼리 몸을 섞고 가는 이 밤의 별빛 아래서

호명하지 않아도
―순례 7

호명하지 않아도 밤은 온다.
주저하지 않고 이 땅 위에
어둠을 다시 두텁게 깔아놓으며

비가 내린다, 다시 밤이다.

예수는 서른 살에서 서른세 살까지
3년 동안 할 일을 모두 끝냈다는 이 밤
쿰란 고원 위에 내가 서서 비를 맞는다.
엣센 파가 아닌 바리새나 사두개는
더욱 아닌 우이동 산기슭에서

나는 서른한 살
아직 죽을 때가 못 된다고 이 밤은 단정한다.
어리석은 이 밤의 계산으로도
두 해가 모자라는 현명함으로
내 육체를 비벼대는 비, 비, 비―

바다에 닿지는 못하지만
―순례 8

저기, 바다는 묘지처럼 배를 부풀리고
해변의 때찔레꽃은 바닷새처럼 떨어진다.

그대, 바다로 오라
누구나 바다에 닿지는 못하지만
옷 벗은 사람을 만나리라.

떨어져 내린 빛은
—순례 9

떨어져 내린 빛은
숲에서
난반사의 새로 흩어져 날고
물에 닿으면 물새가 되어
숲으로 간다.

그대 몸 모든 구석에서
그대 눈빛을 검게 밀고 나오는
저 물소리,
떨어져 내린 빛은
우리 몸에 와서
흐르는 般若로 떠돈다.

그리고 우리는
―순례 10

살아 있는 주검의 비밀은 주검만이 안다.
우리가 주검이 두려운 건
우리가 주검의 비밀이기 때문이다.

우리는 모두 주검의 입을 막고
귀를 막고 코를 막는다.
그 다음 일어나지 못하도록
관에 넣고 뚜껑을 닫는다.
그래도 안심이 안 되어 지하에 묻은 뒤
흙으로 봉분을 쌓아올린다.

주검은 팔다리가 묶여 일어설 수 없고
입에 흙이 가득 차
맛있는 제삿밥도 먹을 길이 없다.

웃지 마라. 비로소 우리는
주검이 아무것도 할 수 없음을 알고
안심하고 제사상에 다가가
배불리 먹고 마시며 낄낄거린다.
그러나
주검은 한잔할 길이 없다.

살아 있는 것은 흔들리면서
―순례 11

살아 있는 것은 흔들리면서
튼튼한 줄기를 얻고
잎은 흔들려서 스스로
살아 있는 몸인 것을 증명한다.

바람은 오늘도 분다.
수만의 잎은 제각기
몸을 엮는 하루를 가누고
들판의 슬픔 하나 들판의 고독 하나
들판의 고통 하나도
다른 곳에서 바람에 쓸리며
자기를 헤집고 있다.

피하지 마라
빈 들에 가서 깨닫는 그것
우리가 늘 흔들리고 있음을.

진실로 우리는
—순례 12

우리는 모르고 있다.
이웃 연탄집 아저씨의 웃음이
매일 조금씩 검어지는 것도
연탄들이 연탄집의 방향을
산간 지방으로
차츰 바꾸고 있는 것도.

연탄이 연탄집의 아저씨를
감화시키는 사실을 모르듯
우리는 우리가 무엇에 진실로
물드는지 모르고 있다.

연탄집의 햇빛은
연탄 가루 때문에
조금씩 엷어져가고.

비가 와도 이제는
— 순례 13

비가 온다. 어제도 왔다.
비가 와도 이제는 슬프지 않다.
슬픈 것은 슬픔도 주지 못하고
저 혼자 내리는 비.

빗속으로 사람들이 지나간다.
빗속에서 우산으로
비가 오지 않는 세계를 받쳐들고
오, 그들은 정말 갈 수 있을까.

우산이 없는 사람들은 오늘도
우산 밖의 비에 젖고
우산이 없는 사람들은
젖은 몸으로
비 오는 세계에 참가한다.

비가 온다.
슬프지도 않은 비.
저 혼자 슬픈 비.

비밀
―순례 14

이 거리에서 나는
살아 있어 병이 깊다
병이 깊은 이곳에서
네가 아프지 않으면
누가 아프겠는가
내가 아플 때 그대 병이 깊지 않으면
그대 무엇이 깊겠는가
거리의 이 우리들 찬란한 유희 앞에서

우리가 기다리는 것은
─순례 15

─그대와 내가 기다리는 것은
　돌연히 얼굴을 나타낸다.
　그때다, 그대와 내가 서둘 때는.

우리가 문을 밀고 나설 때
그 문이
다시 문 앞의 바람을 밀고
그때마다 그 문이
그대와 나의 앞과 길을
조금씩 허물 때

나의 무의미한 한순간의 발놀림과
그대의 손놀림이 우리의 눈앞에
한 잎 나뭇잎처럼 매달려
우리의 눈 속을 기웃거릴 때

그때다, 그대와 내가
한 잎 뒤의 세계를
서둘러 훔칠 때는.

어둠의 힘
―순례 16

어둠은 눈(眼)이 없어 뭉치고, 손이, 발이 없어 뭉치고, 입이 없어 뭉친다.
어둠은 둘이라는 숫자를 몰라 뭉치고, 언어가 없어 뭉치고, 집이 없어 뭉친다. 과거가 없어 뭉치고, 미래가 더욱 현재가 없어 뭉친다.
그러나 그대여. 모든 것이 다 있는 그대와 나는, 뭉쳐서 독립한 저 어둠을 옷 벗고 만날 수 있는가.
존재가 없어 뭉치고, 뭉쳐서 빛이 된 저 한 송이 흑장미의 웃음을!

만남이 무엇인지도 모르고
―순례 17

―만남이 무엇인지도 모르고
 만녀는 자꾸 만나자고 한다.

나를 만나려거든
나 대신 그 낱말이 있는 곳에 가보라.
차라리 그 낱말을 따라
다른 길로 가보라.

푸른 잎 속에 며칠 더 머물며
―순례 18

꽃을 죽이고, 꽃 속에 들어가 꽃의 아내와 아이들을 죽이고, 지하로 숨은 뿌리를 적발해내고, 마지막으로 꽃의 시체를 뜰에다 내려놓으면

죽이고 죽임을 당한 꽃과 나는
하느님
오늘의 할 일은 다 끝났지요?

비가 그친 거리에는 아이들 몇몇이
구름 깔린 하늘의 일부를 뜯어내고 있습니다.
나는 아무것도 원하지 않고
어디서 죄를 짓고
罪質이나 씹으며
저 푸른 잎 속에
죄질이나 씹으며 며칠 더 머물며
푸른 잎이나 더 푸르도록 하고

사람들은 심심하면 햇볕을 찾아
몇몇은 집을 나와
긴 다리를 건너 다른 마을로 갈 겁니다.

아름다움은 남의 나라
―순례 19

> 인생은 살기 어렵다는데 시가 이렇게 쉽게
> 씌어지는 것은 부끄러운 일이다.
> ―윤동주

내가 내 얼굴을 문지를 때
손자국이 스쳐간 나의 볼에도
동주씨
붉은 물감이 조금 묻어납니까?

別章 3편
―순례 20

1. 像

때때로 그것은 들에서
서걱이는 나뭇잎과 나부끼는
옷자락 사이로
그 형체를 나타낸다.
잠시 그리고
영원히.

때때로 큰길에서
숲속으로 느닷없이 그림자를 감추는
작은 길과
돌연히 우리의 뒷덜미를 잡는
그저 푸른 하늘,
하늘에 그 형체를 나타낸다.

우리가 그 앞에 멈추었을 때
그것은
흔들리는 나뭇잎과 옷자락
그리고 바람만을
우리 앞에 내놓는다.

번번이 실패하고 다시 기대하면서
우리는
우리를 위하여
단 하나
단 하나의 확신을 구한다.

수면은 가장 음험한 얼굴로
우리를
길 밖에 머물게 한다.

수면에 비쳐 있는 세계
잡을 수 없으나 가장 명확한
그러나
명확한 만큼 우리의 말을
정면으로 빈정대누나.

2. 소리

그대는 들을 것이다 밤중에

모든 것들이 자기 이름을 빠져나와
거기 그대 옆
풀밭을 거니는 발자국 소리를.

그대는 들을 것이다 길에서
바람도 불지 않는데
풀들이 눈을 뜨고
갑자기
벌레 소리가 일제히 멈춤을.

명사로 부를 수는 없으나
동사로
거기 있음을 확신하는,
명사로 부를 때까지
오오래 서늘한 발자국 소리를
그곳에서 내는

그대는 볼 것이다
소리가 사라진 뒤에 남는
소리의 이슬 몇 방울을.

3. 말

나를 확신하기 위하여
나의 말을 믿는다.
모든 것을 확신하기 위하여
나는 말을 믿는다.

확신의 그늘에서 우는 풀벌레
확신의 울 안에서 서성이는 소
확신과 확신 사이로 내리는 어둠
꿈꾸지 않고 나는
꿈꾸는 대신 꿈을 씹는다.

나의 말이 지금 이 순간까지 한 번도 확실하게 나의 형체를 드러내지 못했고 미래까지 이 순간이 반복된다 하더라도 나의 믿음은 내가 믿음으로 믿음, 허위의 믿음이라도 믿음으로 믿음이다.

꽃을, 꿈을, 한국을, 인간을 하나의 명사로 믿을 때, 꽃도 꿈도 한국도, 물론 인간인 그대도 행복하다. 행복하기를 바라는 사람은 믿으라. 이 말은 예수의 말이 아니므로 믿으라.

詩

1

나는 미국 문학사를 읽은 후 지금까지 에밀리 디킨슨을 좋아하는데, 좋아하는 그녀의 신장 머리칼의 길이 눈의 크기 그런 것은 하나 모른다. 그녀의 몸에 까만 사마귀가 하나 있는지 없는지도 모른다. 그러나 나는 가끔 그녀의 몸에 까만 사마귀가 하나 있다고 시에 적는다.

2

노래가 끝나고 난 뒤에는 노래를 따라 나온 한 자락 따스한 마음이 이 지상의 기온을 데운다. 우리의 노래는 언제나 노래로 끝나지 못하고 노래가 끝난 다음의 무서운 침묵의 그림자가 된다. 그것이 노래의 사랑, 노래의 죽음이다.

序 1
—指章을 찍어주고

지장을 찍어주고 나는 한 집의 비밀을 사들였습니다.
나보다 먼저 이 집에서 산
한 남자의 몸만큼 비어 있는 곳에 떠도는 먼지와
고삐가 풀린 토지와
그 사람보다 먼저 이 집에서 죽은
한 남자의 죽음이 남긴 죽음까지 사들였습니다.

이 집에서 살기 위해서가 아니라 이 집에서 죽기 위해서
어둠을 끌고 가는 새벽의 습기 찬 쇠사슬 소리에
매일 잠 깨어 떠는 앞뜰과 뒤뜰의 세계와 만나기 위해서
뒤뜰의 깊음을 알리는 晩婚의 새소리를 들으며
나는 한 집의 문안을 받아들였습니다.

지장을 찍어주는 순간 나는 한 집의 뿌리가
나의 손으로부터 팔, 어깨, 심장으로 뻗어와
심장 위에 서 있는 한 집의 음울한 행정을 보았습니다.
이 집의 비밀은 이 집과 잇닿아 있는 이웃집 뜰과
이 집의 뜰 어디에선가 자라고 있을 것입니다.

나의 기침 소리는 뜰로부터 열 자가량 높이 오르다가 내려오고
하나에서 열까지 모두를 요구하는 이웃 사람의 헛기침 소리는

이 집과 나에게
사실은 아무것도 얻으려 하지 않는 것입니다.
나는 정원수의 가지 속으로 들어가 잎과 만나고
지장이 찍힌 서류를 잎에게 모두 주었습니다.

어리석은 일이라고요? 물론 나도 알고 있었습니다.
나는 이 집에서 죄를 짓기 위해서 당근을 씹으며
한 집의 과거, 한 집의 미래, 그리고 한 집의
비밀로밖에 소유되지 않는 현재에 매달려
현재의 더러운 속옷까지 사들여 빨랫줄에 걸었습니다.

序 2
―말은 내 몸에 와 죄를 짓고

땅은 말이 없습니다.
말은 내 몸에 와 죄를 짓고
말을 너무 믿는 자의 어린 신앙은
들판에 홀로 나를 잠재웁니다.

나는 오늘도 곡괭이와 그리고 땅과 함께 살기 위해 어제보다 투박하고 메마른 땅을 골라 곡괭이질을 합니다. 곡괭이에 옮겨진, 아직은 젊고 단단한 내 팔의 힘이 투박하고 메마른 땅의 표면을 뚫고 내려가 땅의 육신을 휘어잡습니다. 딱·딱·딱, 딱·딱·딱 하는 소리와 함께 내 팔의 힘은 위축된 땅의 근육을 풀고 혈관을 풀고, 풀리는 혈관을 따라 들어가 심장을 풀어놓습니다. 아―아―아― 죄가 없는 순간과 몸과 뼈, 죄가 없는 심장에 나의 죄가 전해지고, 땅은 비로소 죄를 짓는 몸짓을 곡괭이 자루를 통해 내 팔에 풀어놓습니다. 투박하고 메마른 땅의 맥과 맥이 풀리고 늘어지고 짓뭉개지고 짓뭉개진 땅의 살이 살아 움직이는 곡괭이 끝을 깎으며 빛날 때 나는 살이 짓뭉개지는 쾌감 위에 허옇게 떠오르고, 그래서 나는 계속 곡괭이를 휘두르고……

序 3
―한 그루 나무를 키우는 나의 뜰에는

　그대여. 그대의 명령대로 오늘도 한 그루 나무를 키웁니다. 그대가 없는 이 음울의 때, 이 고통, 이 외로움의 때 내 오장의 피와 밤이면 내 품에 와 안겨 흐느끼는 수많은 언어를 달래다가 나도 함께 울어버린 내 눈물을 모아 한 그루 나무를 키웁니다. 한 사람의 생명, 한 사람의 세계와는 무관한 한 그루 나무는 나의 피와 눈물을 주는 대로 먹고 아직 20년쯤은 더 살 수 있을 나의 몸 속을 샅샅이 들여다보며 잔가지를 뻗고 그러고도 시간이 남으면 몸을 미려하게 흔들며 하늘과 만납니다.

　나무 한 그루만을 키우는 나의 뜰에는 나무를 둘러싼 슬픈 나의 자유와 인내와 그리고 자만이 '오―' 하면 '오―' 하는 소리를 그들 서로에게 되돌려주는 깨어진 돌과 바위와 물독뿐입니다. 이웃 사람들은 이 뜰을 보고 나를 게으른 자라고 하지만, 나에게는 그러나 그 하나 그 하나가 나의 재산이며 생명이며 나의 자만 나의 슬픔입니다. 나는 날마다 아침이면 그 깨어진 돌과 바위와 잡초에 걸려 넘어지며 걸어가 거만한 한 그루 나무와 만나고, 만날 때마다 적은 양의 눈물과 피를 바치는 부끄러움이 되어 잡초 사이에 놓입니다.

남들이 시를 쓸 때

잠이 오지 않는 밤이 잦다.
오늘도 감기지 않는 내 눈을 기다리다
잠이 혼자 먼저 잠들고, 잠의 옷도, 잠의 신발도,
잠의 문패도 잠들고
나는 남아서 혼자 먼저 잠든 잠을
내려다본다.

지친 잠은 내 옆에 쓰러지자마자 몸을 웅크리고
가느다랗게 코를 곤다.
나의 잠은 어디 있는가.
나의 잠은 방문까지는 왔다가 되돌아가는지
방 밖에서는 가끔
모래알 허물어지는 소리만 보내온다.

남들이 시를 쓸 때 나도 시를 쓴다는 일은
아무래도 민망한 일이라고
나의 시는 조그만 충격에도 다른 소리를 내고

잠이 오지 않는다. 오지 않는 나의 잠을
누가 대신 자는가.
남의 잠은 잠의 평화이고

나의 잠은 잠의 죽음이라고
남의 잠은 잠의 꿈이고
나의 잠은 잠의 현실이라고

나의 잠은 나를 위해
꺼이 꺼이 울면서 어디로 갔는가.

개봉동과 장미

개봉동 입구의 길은
한 송이 장미 때문에 왼쪽으로 굽고,
굽은 길 어디에선가 빠져나와
장미는
길을 저 혼자 가게 하고
아직 흔들리는 가지 그대로 길 밖에 선다.

보라 가끔 몸을 흔들며
잎들이 제 마음대로 시간의 바람을 일으키는 것을.
장미는 이곳 주민이 아니어서
시간 밖의 서울의 일부이고,
그대와 나는
사촌들 얘기 속의 한 토막으로
비 오는 지상의 어느 발자국에나 고인다.

말해보라
무엇으로 장미와 닿을 수 있는가를.
저 불편한 의문, 저 불편한 비밀의 꽃
장미와 닿을 수 없을 때,
두드려보라 개봉동 집들의 문은
어느 곳이나 열리지 않는다.

바람은 뒤뜰에 와

　근래 와 말이 없어진 그대, 그대를 보며 나는 그대가 지난날 즐겨 찾던 때묻은 말들을 골라본다. 근래 와 말이 없어진 그대는 지나가는 아이들의 욕지거리나 무릎 위에 앉히고, 근래 와 말이 없어진 그대의 뜰, 그대 뜰의 새가 한밤중이면 무슨 얘긴지 뒤뜰에서 주고받는 소리를 잠결에 혼자 가끔 듣는다. 근래 와 말이 없어진 그대의 마음을 알기라도 하는 듯 바람은 뒤뜰에 와 나뭇잎 몇 개만 건드리다 그냥 떠나고, 계절은 개나리 몇 송이를 벌려놓고 그대 집 앞을 총총히 지나간다. 그러나 그대의 마음을 알아들은 그대 뜰의 새가 그대의 말이 되어 때때로 담벽을 넘어 어디론가 다녀오는 모습을 나는 본다.

회신

거제도에서 소포로 보낸 그대의 바다를 잘 받았습니다. 무수리와 노래미의 함성, 함성이 끝난 뒤의 바다의 목소리가 무척 잘 낚인다는 그대의 바다는 우리집 마당을 남해의 바다와 바다의 목소리를 내게 합니다.

그 바다는 태아의 바다, 홀로 있는 자가 홀로 본 바다, 홀로 뒤로 물러서서 다시 본 바다의 나뭇잎입니다. 그대는 무심코 보냈지만 나는 무심코 받지를 못하고 무심코 받지 못한 만큼의 무게를 한 무수리와 노래미입니다.

웃음

문에 '외출 중'이라는 팻말을 걸어놓고 방에 들어와 누웠다. 얼굴을 문질러보니 권태와 광기가 범벅이 되어 떨어졌다. 방바닥에 떨어진 것들을 주워들고 생긴 모양을 구경하고 있노라니, 의거탑 뒤 무덤 속에도 들어가지 못하고 남의 산기슭에 몇 평의 땅을 마련한 친구 녀석이 요즘은 찾아오는 놈도 없다고 투덜대며 들어왔다. 문에 붙여놓은 팻말을 보았느냐고 물으니 '병신 같은 것' 하며 낄낄 웃었다. 그 웃음소리가 밖으로 사라지자 기다렸다는 듯 내 옆에 누워, 내 옆에서 잠이라도 자야겠다기에 잔소리는 집어치고 잠이나 계속 자라고 빈정대는 말을 녀석의 전신에 덮어주고 나도 웃었다.

말이 필요한 때. 말의 말이 아니라 말의 빛이 필요한 때. 수심, 깊은 수심. 내가 잠이 깨었을 때는 이미 녀석은 종적이 묘연했고, 주먹만한 오후 2시의 햇빛이 내 옆에서 내 눈을 빤히 쳐다보며 정말 쓸쓸하게 웃고 있었다.

고향 사람들

벽촌 龍田里를 알고 떠난 자는
제각기 다른 곳에서 용전리가 된다.
있을 때보다 더 깊은 눈빛을 하고
눈 뒤에서 용전리에게 대답한다.
밤이 되면 용전리는
밤 바다의 섬모양 전신이 떠오르고
떠난 자들이 켜놓은 용전리의 불빛은
섬 기슭 풀밭의 이슬이 되어 여문다.
그 중 몇 방울은 섬 기슭에서
눈뜨고 잠든 우리의 눈에 떨어져
꿈도 없는 몇 시간을 다시 깨운다.

어느 마을의 이야기
—유년기

사방을 둘러싼 돌담의 넓적한 호박잎에는
철쭉의 붉은 얼굴이 와 담기고
그 사이사이에는 산새의 울음이 담기었다.
때로 산을 기어 올라온 기적 소리가 밀고 온
먼 강물 소리도 담기어
호박잎과 개똥참외의 그 넓은 잎은
마을 가시내들의 치마를 흔들었다.

시간은 돌담을 닮아 둥그렇게 맴돌다가
공이 되어 마을 마당에 내려와 굴렀고
아이들이 맨발로 힘껏 차 올려도
하늘이 낮아서 공은 앞 논밭에 떨어졌다.

낮은 하늘이 몰고 온 나직한 평화는
뒤뜰에 소리 없이 떨어지던 홍시였다.
동전이 마루를 구르듯 공 공 공
평화의 마룻바닥 위에 구르던 개 짖는 소리는
아, 그러나
시계 속의 숫자까지는 깨우지 못했다.

단장 1

부산은 파도 소리가 잠들면
하늘이 낡은 그물처럼
땅바닥에 축 늘어져버리는 곳.
부산을 그곳에 두고
부산의 파도는 혼자 하루에 몇 번씩
꿈에 닿는다.

단장 2

떨어지는 잎은 떨어져서
가을의 일부가 되고
골목의 사람들은
골목을 홀로 두고
다른 곳에 가 서로 다른 가을이 된다.

단장 3

나는 자유의 옷은 본 일이 있어도
자유의 눈이며 귀며 입술이며
어느 것 하나 본 일이 없다.
키가 작아
남의 팔이나 다리와
다리 사이로 보는 탓이다.
그 옷은 가끔 꽃무늬와 무늬 사이에 흰 여백을 두어
자유를 자유 그대로 있게 한다.
키 큰 그대가 보는 자유는
한 그루의 미루나무.
미루나무의 자디잔 잎잎들.
바다에 나가도
키가 작아서 키가 작아서
보이지 않는 수평선.
아, 키가 작아서
보이지 않는 자유의 얼굴.

단장 4

우리의 하나로 우리가 흩어질 때
흩어지지 못하는 우리의 한쪽 눈이
한강이 되고 용산이 되어
눈앞에 나타나고

흩어진 자들은 먼 곳에서
더 멀리 사라지고.

저녁때

하루가 또 간다. 종이 몇 번 뎅뎅 운다. 종소리를 받은 건물들은 감정을 감추려고 신경을 근육 깊숙이 숨기고 바람은 좀더 빠른 속도로 골목을 빠져 들로 나간다. 시계는 종소리가 오는 쪽에서 사라지는 쪽으로 바늘을 돌리고, 누가 '오, 하느님!' 하는 소리를 옆으로 지나가던 다른 사람의 의복이 재빨리 흡수해버린다.

기울어진 몸무게를 바로잡으려고

 기울어진 3/4분기의 몸무게를 바로잡으려고 가벼운 나뭇잎들도 적자가 난 日字 위에 몸을 눕힌다. 나뭇잎 위에 나뭇잎이 몸을 눕히고 나뭇잎 위에 나뭇잎이 다시 몸을 눕힌다. 그렇게 다들 하나가 하나 속에 들어가 보이지 않는 하나가 된다.
 그렇다, 죽음은 보이지 않는 저 큰 하나 속에 있는 한 그루 나무의 마지막 비밀, 한 그루 나무의 마지막 무게이다.

행진

눈이 저렇게 내려도 눈과 눈 사이로 다니며 갈 길을 가는 시간과

눈이 저렇게 깔려도 미끄러지지 않고 늠름하게 서산을 올라가는 시간과

눈이 저렇게 쌓여도 제 발자국을 지우고 인간을 자기 뒤에 남기는 시간과

발맞추어 다시 그런 시간의 반복되는 행진을
그리고 그리고로만 발맞추는 사람을 빠져나와
고독하게 길 위에 발자국을 찍는 시간과

몇 개의 불빛만

모두 집으로 돌아간다.
집으로 가는 사람들을 따라서
거리도 집으로 돌아가며
문을 닫는다.
아직 돌아가지 않은 사람을 기다리고
몇 개의 불빛만 남아 있다.
몇 개의 불빛만 타는 세계.
밤의 세계.

술에 취한 사람들이
자기 집 앞문으로 들어가더니
다시 뒷문으로 나와
남의 세계로 간다.

구체적인 얘기를

　일요일. 구체적인 얘기를 하자. 구체적이라는 말이 그리운 한국, 구체적이라곤 아무것도 없는 4월의 끈적끈적한 세번째 일요일 오후.
　죄지을 일이 없을까. 낡은 담벽에는 일요일 저녁의 빈약한 육체가 옷을 벗고 전신을 비틀고, 그 비틀리는 육체 위로 사생결단 기어오르는 담쟁이덩굴. 몸을 날려 담쟁이덩굴의 끝까지 가본다. 담쟁이덩굴의 끝은 막막한 바람, 막막한 바람 속에는 10여 년 전에 쓰러지며 내 오장육부 위에 내리꽂히던 친구의 비명 소리, 내 오장육부가 꽉꽉 다져지던 소리, 내가 내 무덤의 관 뚜껑을 열어보며 발하던 음흉한 신음 소리, 그 신음 소리를 밟고 가서는 오늘 이 일요일까지 돌아오지 않는 사람들의 발자국 소리.

　담벽을 타고 올라 지붕을 타고 올라 그리고 드디어 타고 오를 게 없어 허공에다 머리를 쑤셔박고 1, 3, 5, 7, 9로 뻗고 있는 담쟁이 덩굴의 끝. 죄지을 일은 1, 3, 5, 7, 9로밖에 없다.

이 가을에는

이 가을에는 작년보다 감을
더 붉게 하소서.
감을 따 먹는 우리의 아이들의 볼이
감이 익듯 익게 하소서.

탐스러운 볼을 한 우리의
아이들을 둘러싼
사촌과 이웃들의 세계에도
이 가을의 감이 익게 하소서.
그 익은 감의 향기와
그 익은 감의 꿈이
마을 안을 가득 감돌게 하소서.

이 마을을 지나가는 다른 사람이
익은 감의 출렁이는 세계에서
목욕하게 하소서.

김씨의 마을

> 19세기는 될 수 있거든 봉쇄하여버리오. 도스토에프스키 정신이란 자칫하면 낭비일 것 같소. 위고를 불란서의 빵 한 조각이라고는 누가 그랬는지 지언인 듯싶소. 그러나 인생 혹은 모형에 있어서 디테일 때문에 속는다거나 해서야 되겠소? 화를 보지 마오. 부디 그대께 고하는 것이니……
> ―李箱

1. 산과 주저앉은 바다

어제 저녁 관념의 마을에 가서
나는 보았다
몇 사람이 주먹을 움켜쥐고
벽 뒤에 숨어서
남의 일생을 훔치는 것을.
空地에 쌓여 썩어가는
대화 속에서 남몰래 언어들이 탈출하는 것을.

밤을 포복하던 불빛
불빛의 가느다란 척추가
灣처럼 휘어진 그곳,

무너지는 산기슭의
흙 속에 묻히는 달빛
과
나란히
시간의 질긴 근육이
두서없이 잘리는 그곳,
병이 깊은 그곳에서
나는 보았다
죽음에는
한약 냄새가 나는 것을.

그날도
異論의 먼지가 높이 쌓이는 들판에는
나무들의
허리 구부러진 기침 소리가
하늘 깊숙이 침범하고
부서진 하늘 조각들이
정든 땅 언덕 위에
떨어지고 있었다.
그곳에서 나는 보았다
30년이나 녹슨 얼굴

죽은 소설가 김씨의 얼굴이
부서진 하늘을 주워들고
웃고 있음을.

  보아야지, 보아야지.
  듣지 말고
  직접 보아야지.
  아암, 옳은 말씀.

내가 돌아섰을 때
돌아가고 있었다 여전히
나무 그늘과 골목과
지붕 밑으로
돌아가고 있었다
잡다한 관념의 여자들.
그들의 머리카락 끝에서는
바람이 일고 언어가 흩어지고,
잠깐 여유가 생긴 장소들은
약속이 없는 길을
껴안고,
담장 밑에는 그날도

하루만을
도둑질하는 사내가 숨어 있었다.

"그들에겐 그에 대한 대책이 있어요. 아닙니다. 어떤 일에
대해서도 그들에겐 대책이 없습니다."

지금 그대는
어둠이 그대를 적시지 못하는 곳에
머물러 서 있지만
소리도 무릎을 꿇고
거동을 기다리는 곳에 있지만
눈앞에서 쓰러지는 소리와
시야 밖에서 쓰러지는 소리와
소리와 소리와 소리와
소리 사이로
관절을 앓는 소리를 건져올려서
책상 서랍에
넣어두었지만

나는 고백해야 하겠다.
찾아갈 때마다

수평선이 서너 걸음 물러서던
그 바닷가에서
능금을 깨문 내 이빨 사이에 끼여 온
바다는 자라서
매일 떠나는 배를 띄우고 있음을.
그 옆에서
동년배의 파도가
일으키는 하얀 물거품을.

부러진 쥐방울나무
두 그루의 어깨 위에
부축당한 채
얹혀 있는 공간.
바다를 이탈한 또 하나의 바다.
파도를 이탈한 또 하나의 파도.
그 사이에서
빈곤한 순간을 걸머지고 일어서는
偶發들……

그렇지만 나는 말해야겠다.
무덤 속에서도 자라고

다시 자라서
마을을 덮고 있는 김씨의 언어들을.
마을에서 도둑질당한 한 사내의
일생과
현재, 그리고
무거운 구름과
바람,
산과
주저앉은 바다의 휘파람 소리를.

2. 김씨의 배경

비키니 스타일로 벗어버린 대낮, 비키니 스타일로 벗어버린 산의 단 한 번의 정결한 웃음소리, 그 웃음소리의 빛깔을 그대는 보았는가. 내 그대를 위하여 마을의 골짜기에서 사흘 동안 그 소리를 씻고 또 씻어, 들에 핀 너울꽃 한 송이 단 한 송이같이 분명하게 씻어 마알간 얼굴을 한 소리를 들고 내 그렇게 그대의 문을 두드렸다네. 오, 그대여 문을 두드렸다네. 그대에게 보이고 싶던 소리의 빛깔은 관념의 마을에서도 벌써 사라진 지 오래된 휘파람새의 울음 그 끝의 떨림이 잠깐 보여주는 아름다움이고 주인도 없이 시들어버린 향기로운 언어이고 비키니 스타일로 벗어버린 대낮의 감미로운 피부였네. 그대여, 이제는 문을 열어놓게.

액자 속의 평원이
내려와
길옆에 눕는다.
어느덧 소도구들이
배경으로 물러선다.
다시 떠나야 하는 평원.
한 여자의 유혹
도발의 평원.
그대의 구두 속에 달리던 말〔馬〕의
가죽
그대의 방 안 액자 속에서
풀을 흔드는 바람
출옥하는 평원.
출옥하는 마을.

내가 사는 마을은 소설가 김씨의
유작의 음산한 무대.

다채로운 절망의 미로가
맞물려 돌아가는
톱니바퀴처럼 신비로운 지역.
김씨가 죽고 난 뒤에도
그의 발자국 소리가
평화의 증언처럼 남은 나라.

담벽에 매달려 있는
부러진 불빛의
모가지,
물러가는 풍경의 뒷발꿈치에 걸려 있는
흰 살이 보이는
종소리,
그리고
쌍두마차를 몰고 도착하는
어리석은 태아들의 마을.
뜰에 핀 산난초 꽃잎이
고개를 반쯤
미래의 뜰 위에 내밀고
외롭게 빈 가지에 앉아
졸고 있는 햇빛과

슬픈 곳에서 좀더 슬픈 곳으로
가는 자유의 모발, 그 밑에서
끊임없이 두근거리는 이유의 조그만 심장과
액자 속의 길.

액자 속의 길이
내려와
들판을 기웃거린다.
밤을, 밤의 물을 차며
다시 흐름을 이끄는,
유년이 간직한 전쟁을 넘보며
서서히 경험을 넘어서는
한 남자의
싱싱한 다리가 놓인다.

하루라는 그 무서운
개념으로
역사라는 그 무서운
개념으로
밤마다 보이지 않는, 그 엄청난
중량의,

그 억센 압력의
폭력의
안개여.

남은 사람들은 30년 동안
서너 개의 구름에
시신경을 시달리고 있었다.
죽은 배경을 등에 지고 있었던
나뭇잎들은
벌써 몇 년째 보이지 않고
오직 무섭게 조용한
바람의 맥박 소리가
마을의 옆구리를 치고 있었다.

오, 모래사장에 가서는
결국 멈추고 마는 산의 발.
衆生의 흰 벽에 못질하는
망치 소리에
사람들은 청신경을 도난당한 채
소설가 김씨의 죽음이
다녀가는 모습도 못 보고.

아름다움이여, 나 혼자만 보는
영광이 거리에 서 있었다.

마을에서는 여전히
돌아가고 있었다 가방을 든
환상의 여자들.
구두와 구두 사이의 땅을
모두 거두어들이고
단지 하나, 단지 하나의 용납으로
빛나는 배경.

"그러나 여긴 빛이 없네.
단지 푸른 어둠과 구부러지고 이끼 낀 길을
따라
하늘로부터 바람에 묻어오는 빛뿐이네."
그대여, 문을 열어놓게
이제는 문을 열어놓게.

3. 모음과 숫자

그의 유서에는
사각형과 삼각형
그리고
원이 어울리고
나머지에는
온통
공
간
이
출렁거리고 있었다.

벌써 30년째 외출 중인
죽음이
백지 위에 그림자만
놓아두고 있었다.
공간이 물결이 되어
우우우 몰려올 때마다
가구들은 사방 귀퉁이에서
부들부들 떨고

접신이 안 되는
오늘과 내일의
방 사이에는
파도의 골수분자들이
무릎까지 밀어닥쳤다.

비가 외롭지 않게 내리고
사각형이 삼각형이 되어도
여전히 나머지에는
공간이 사방을
내리누르고 있었다.
'이따금 들리는 날카로운 기적 소리가
모차르트보다 더 가깝게' 흐르는 저녁의 평화,
안개 속에 싸인 채
현관의, 나란한 신발들의 평화,
안개를 밟고 떠나간 아침
그리고 안개 속으로
돌아오는 어깨가 나직한 저녁
발자국들의 평화,
평화 속의 병 오, 깊은 병의 바다……

내가 병원을 방문했을 때
벽에 걸린 고흐의 자화상이
눈을 부릅뜨고
회진을 걱정하는 의사와 간호원이
투닥거리는 화투를 보고 있었다.
지루한 표정의 저녁과
그날 하루를 위해 나는
종일
영혼의 발톱을 깎아준 후였다.
고등학교 선생 부인인 간호원이
퇴근을 걱정했을 때
젊은 의사는 말했다.
환자가 20명이니
5분씩만 봐줘야겠군!

    글쎄, 동정은 필요 없다니까요 지금이 어느 시대라구요.
    "오늘 밤은 신경이 이상해요, 정말 이상해요, 같이 있어줘요."

내 목소리 속의
감탄사의 장음과

부호들이
등불이 꺼진 캄캄한
모음 속에서
살해되고 있다.
부드럽고 연한
장음의 사지가 찢어져
땅바닥에 뒹굴고
찾아온 옛날 친구들의
팔목과
따뜻한 음성이
잘려지고 있다.

　　"아스피린, 아다링, 아스피린, 아다링, 막스, 말사스, 마도
　　로스, 아스피린, 아다링……"

몇 개 남은 외로운 부호들의
여윈 동체가
바람에 흔들리고 있다.
숲을 보는 아내의 눈과
귀가
들판을 지나다가

공중에서 체포되어
다른 길로 가고
아, 하고 외친
나의 목소리가
느닷없이
브레이크 소리로 교체되어
돌아오고 있다.

4. 당신의 땅

그대 눈 안의
창,
창 안의
아, 불빛.
그 위에
동그란 한 점
구름,
구름 같은 언어의
脫籍.

바람이 불어도 흔들리는 하느님,
장터에는 자금이 모이느라고
언어가 태어나고 있습니다.
다들 무심히 잊어버린 그 중심
자금이 밝히는 땅,
꽃들이 오늘을 하나씩 웃고 있습니다.
스스로의 본질을 비워놓고
문밖에서 떨고 있는 자연.
저 배반의 시푸른 하늘……
무너지고 무너지는 나라의 변두리에서
하루에 몇 번씩 사람은 죽고
언어는 남아서 백성이 됩니다.
그렇게 상대적인 언어의 어깨
아니 부딪치고 얼마쯤은 골목을 돌아
적멸을 믿습니다 언어인 나는.
밤 때문에 낮이 와 머무는
자연인 나, 구조인 나의 가슴에
자금이 되느라고 언어가 모입니다.

그대 눈 안의 창, 창 안의
아, 불빛.

5. 별과 언어

낮이 간다.
바람이 서쪽 창문의 노을을
훔쳐 주머니에 넣는다.
저녁
어망에 걸려
뛰고 있는
종언의 잔고기들.
순간
상아의 뜨락에
잠깐은 눈부신 비늘,
비늘처럼
창을 밝히는 개인의 불과
루비콘 강, 루비콘 강의
노을. 그때마다
별들이 개편하는 하늘의
모서리를
흔들어보는 남자들.

언어의 뚜껑을 열고 나와
다시 독립하는 언어들,
물가처럼 가볍게 그리고
싱싱하게 뛰는
옆집 아이들, 그렇게
다시 웃으면서 밤을 충동하는
언어들이여.
몇 개의 길이
길 위에 눕는다.

저마다 하늘을 주관적으로
난도질해놓고서
비로소 길 위에 살아 있는 전선.
공포에서 벗어나기 위해
전선들은 동지들을 모으고
그때마다 조각조각 분산되는 하늘이
내 앞에서 옷을 벗는다.
창밖을 내려다보고 있는
그대의 눈 속에
아직도 한 사람의 전신이 기울어져 있는 공동.
창가에 놓인 화분 위의 난초잎에서

하나씩 끊어져 떨어지는 섬유의 체질.
창밖을 내려다보고 있는
그대 눈 속에
그렇게 계속 쌓이는 시간.
그대 눈 속에
소설가 김씨를 읽는 지금
그의 냄새로 나를 아는 나.
서가 구석구석의 소설가 김씨와
김씨의 먼지에 싸여
먼지의 냄새로 나를 아는 나.
나의 주소, 나의 절망을 웃는
아이들의 장난.

밤이 온다. 바람이 멈춘다.
산속에서 나뭇잎이 하나 떨어진다.
길 위의 길에서는
벌거벗은 어린 꽃들처럼
기저귀를 찬 채
벌떡 벌떡 일어서는 부활의
충동.
그때마다 벽에 부딪쳐 넘어지는

관념의 여자들.
여자들의 가방에서 쏟아지는 상형 문자들.
피의 꽃밭
병의 꽃밭
그 가운데에도
분명하게 발자국을 찍는 어둠의 원형.

한순간의 불빛, 한순간의 감격을
닦고닦아서
사택을 밝히는 개인들을 보며
오늘도 관념의 마을에 가서
나는 보았다
김씨의 썩은 뼈가
별이 되는 것을.
'아스피린 아다링'이
언어가 되고
그곳에서
단 한 사람이 숨어서
미래를 훔치고 부활하는 것을.

      오, 여기에 불빛을.

그대의 불빛을
개인의 불빛을

시간 속에 남아 있는
한 사람의 생명,
한 사람의 미래, 그리고
전신을 들고
몇 번인가 갈
한 인간의 이사
여기에 불빛을.

거울 속의 새들이 나와
나무 위에 앉는다.
바람에 흔들리는 다리.
그러나 아직은
흔들리는 다리.
오, 여기에 그대의 불빛을.

왕자가 아닌 한 아이에게

1978

용산에서

詩에는 무슨 근사한 얘기가 있다고 믿는
낡은 사람들이
아직도 살고 있다. 詩에는
아무것도 없다
조금도 근사하지 않은
우리의 生밖에.

믿고 싶어 못 버리는 사람들의
무슨 근사한 이야기의 환상밖에는.
우리의 어리석음이 우리의 의지와 이상 속에 자라며 흔들리듯
그대의 사랑도 믿음도 나의 사기도 사기의 확실함도
확실한 그만큼 확실하지 않고
근사한 풀밭에는 잡초가 자란다.

확실하지 않음이나 사랑하는 게 어떤가.
詩에는 아무것도 없다. 詩에는
남아 있는 우리의 生밖에.
남아 있는 우리의 生은 우리와 늘 만난다
조금도 근사하지 않게.
믿고 싶지 않겠지만
조금도 근사하지 않게.

당신을 위하여

당신은 구체적인 것을 원합니다. 당신의 옷, 당신의 구두, 당신의 얼굴이 구체적이듯이 나의 말도 그와 같이 되기를 원합니다. 그러나, 당신은 당신의 눈을 아시는지요?

이런 우화는 어떻습니까?

봄입니다. 길이 끝난 곳에 층계, 층계가 끝난 곳에 뜰, 그 꿈의 뜰에 어제 저녁 천사들이 타고 온 마차가 한 대. 그 옆에는 예쁜 천사의 발자죽이 몇 개 찍힌 채 놓여 있습니다. 꽃나무는 하루 종일 뜰을 위해 꽃씨를 만들고 바람은 안개를 쓰레질하고, 구름이 놀러 오도록 하늘을 말끔히 닦아놓습니다.

한낮이 되면 가끔 천사를 태우고 왔던 마부가 뜰 위에 휙휙 불어 던진 휘파람이 나타나기도 하고, 심심한 꿈들은 휘파람과 함께 천사의 발자죽 옆에 자기의 발자죽을 찍어보기도 합니다.

봄, 마을입니다. 한 방에서는 책상 밑의 먼지가 조용히 숨을 죽이고, 의자의 낡은 나사도 삐걱거리는 소리를 멈추고, 서산으로 넘어가던 해도 한동안 노을 속에 서서 오늘 이루어질 꿈의 색깔을 생각합니다. 시간도 마을도 잠깐 걸음을 멈추고 거울도 옷걸이도 책상도 모두 바람에 등을 기댄 채 가만히 귀를 열고……

늦은 봄. 숲속에서는 어느새 봄이 이삿짐을 꾸리고 있습니다. 천사가 몰고 온 마차 곁에서 내년에 뿌릴 꽃씨와 아지랑이 그리고 보슬비를 가방에 넣고 난 뒤, 숲을 한 바퀴 돌며 꽃냄새와 새소리와 악수를 나누고 하느님께 보고할 장부를 옆구리에 끼고, 손을 흔드는 나무와 풀과 너울꽃에게 인사를 던지며 봄이 마차에 오르고 있습니다. 꿈의 대문이 반쯤 열리고 마차가 빠져나가고 있습니다. 지구에서 천천히 봄이 떠나고 있습니다.

   보십시오
지구에서 봄이 천천히 떠나고 있습니다.

   질문이 없으면
봄을 보내겠습니다.
당신은 무엇인가 잃어버린 게 있습니다.
당신이 행복한 이유는 잃어버린 그것에 있습니다.

커피나 한잔

　커피나 한잔, 우리들께서도 커피나 한잔, 우리들의 緘默, 우리들의 拒否께서도 다정하게 함께 한잔. 우리들을 응시하고 있는 창께서도, 창밖에서 날개를 비틀고 있는 새께서도 한잔. 이 50원의 꿈이 쉬어가는 곳은 50원어치의 포도 덩굴로 퍼져 50원어치의 하늘을 향해 50원어치만 웃는 것이 기교주의라고 우리들은 누구에게 말해야 하나.

　용납하소서 기교주의여, 기교주의의 시간이여 커피나 한잔. 살의 사실과 살의 꿈을 지나 살의 노래 속에 내리는 확인의 뿌리께서도 한잔 드셨는지. 저 바람의 비난과 길이 기르는 불편한 발자국과 그 길 위에 쌓이는 음울한 死者의 목소리를 지나 우리들께서는 무엇을 확인하시려는가, 우리들께서는 그 패배로 무엇을 말하시려 하는가.

　풀잎은 이유 때문에 흔들리지 않고, 풀잎은 풀 때문에 흔들린다고 잠 못 드신 들판께서도 피곤하실 테니 커피나 한잔.

버리고 싶은 노래

새는 날아가서, 바람을 만나 바람에게
몸 하나 아쉽지 않게 주어버린다.
새는 날아가서, 날아가는 것들의 허리에 감기는
하늘을 하늘 그곳에 버린다.
날아가는 것들의 법을 그리고
이 계절의 자유를 여름에게 주어버린다.

주고 또 버리기─金哥 이름 金哥에게 주고
여름으로 가는 길은 무덥고 길다.
여름의 사랑이다, 이것이. 수레는
조금씩 광기를 발산하며 여름으로
가는 길을 무더움에게 묻고,
새의 일은 행복하게도
평화로 인간에 의해 기록된다.

金哥 이름 金哥에게 주고,
길에게 물어 楊平 이름 楊平에게 주고,
밤술집 갈보에게 갈보 주고,
새야, 긍정의 나라는 행복하게 황량하다만
새야, 너의 왕국의 바다는 떠나는 배를
떠날 때 잘 떠나게 하는가?

문득 잘못 살고 있다는 느낌이

잠자는 일만큼 쉬운 일도 없는 것을, 그 일도 제대로 할 수 없어
두 눈을 멀뚱멀뚱 뜨고 있는
밤 1시와 2시의 틈 사이로
밤 1시와 2시의 공상의 틈 사이로
문득 내가 잘못 살고 있다는 느낌, 그 느낌이
내 머리에 찬물을 한 바가지 퍼붓는다.

할 말 없어 돌아누워 두 눈을 멀뚱하고 있으면,
내 젖은 몸을 안고
이왕 잘못 살았으면 계속 잘못 사는 방법도 방법이라고
악마 같은 밤이 나를 속인다.

아침부터 소화가 안 되는
얼굴을 한 꽃에게

또 무슨 일인가. 아침부터 소화가 안 되는 얼굴을 하고 오른쪽 허리를 약간 꺾은 채 서서, 하늘을 보았다 나를 보았다 하는 꽃이여. 요즘은 늘 소화가 안 되는 것을, 어제까지는 소화가 잘된 양 착각하고 있는 불행한 사태는 아닐 터이고, 훼스탈을 먹는 일보다 훼스탈을 우리와 함께 여기 있게 하는 그 일로 우리가 존재함을 혹시 내가 잊을까 그런 얼굴을 다시 해 보이고 있는가.

그것도 아니라면. 그 얼굴이 그대의 웃는 얼굴인 것을 또는 가장 매혹적인 그대의 자태인 것을, 그대를 잘못 보고 있듯 내 눈 깊숙한 어느 부분에 사실을 사실대로 보지 못하게 하는 병이 있음을, 늦지 않게 더 늦기 전에 알아두라는 뜻인가. 그 어느 쪽이든, 고맙다 꽃이여.

고통이 고통을 사랑하듯

나에게는 나의 결점
고통에게는 고통의 결점

내가 나를 사랑하고
내가 나의 결점을 사랑하듯
고통이 고통을 사랑하고
고통이 고통의 결점을 사랑하듯

오늘보다는 내일, 내일보다는
내일의 내일에 속고 마는 나를
오늘의 시간이여, 내가 그 사랑을 알고 있으니
마음놓고 사랑하소서

코스모스를 노래함

거리에서, 술집 뒷골목에서, 그리고 들판에서 가을은 우리를 역사 앞에 세운다.

거리에서 가을은 느닷없이 1906년 2월 1일, 일본이 한국통감부를 설치한 일을 아느냐고 묻는다. 술집 뒷골목에서 조금씩 비틀거리는 내 앞을 가로막고 1960년 4월 25일에 대학 교수단 데모가 있었다고 말한다.

1960년 5월 29일에는 이승만 전 대통령이 하와이로 망명하고, 1910년 6월 24일에는 구한국이 일본에 경찰권을 이양, 1885년 10월 8일에는 일본인이 민비를 살해, 1905년 11월 4일에는 민영환이 자살, 1947년 12월 22일에는 김구가 남한 군정 반대 성명을 발표했는데,

다시 보라고 하는구나. 이런 것과는 아무 상관이 없는 듯한 자질구레하기만 한 우리의 집 뒤와 골목에서, 느닷없이 또는 고통스럽게 죽어가야만 했던 사람들이 걸어간 발자국을 되살려놓고 우리들이 잊을까 봐 저기 저렇게 가을이 해마다 보여주는, 죽어가야만 했던 사람들의 찢어진 옷이며 살점이며 피, 핏방울……

亡靈童話

다방 '제비' 또는 李箱

우산을 펼치고 다방 '제비'가 비 오는 세상을 받쳐들고 있습니다
비가 와도 이상의 하늘은 젖지 않습니다
파이프 담배로 이상은 젖지 않는 세상을 흩뜨리고 있습니다
세상은 추상화로 서서 이상을 화면 밖으로 밀어냅니다
나는 고무신을 끌고 한쪽이 비어 있는 이상의 눈 속으로 들어갑니다
비어 있는 이상의 하늘을 금홍은 브로치로 앞가슴에 달고 내 앞을 지나다닙니다
리건이 포드보다 대통령 후보전에서 앞서기 시작했다고 5월의 커튼이 흔들립니다
나는 청바지 히피들이 좋아 신문에서 사진을 오려 이상의 눈 속에 붙여줍니다

연탄 또는 한 사내의 죽음

연탄 가스로 죽은 사내의 관이 두 사람을 끌고 아파트 정문을 나갑니다
구경꾼 속에서 라일락이 나와 관을 따라 현실 밖으로 함께 나갑

니다
   세상은 밖으로 나가도 길로 이어집니다
   죽은 사내의 집 앞에 관이 죽은 사내의 여자들을 세워놓고 오래 세상을 밟게 합니다
   죽음은 완료되지 않습니다
   죽음은 여자들의 다리 사이로 오가며 여자들의 다리를 살찌웁니다
   TV에서는 서부 영화가 한창입니다
   관 위에 얹힌 관만한 하늘을 관이 데리고 갔습니다
   그 구멍에 연탄만한 태양의 한쪽 엉덩이가 걸려 서울 시가의 어느 한 부분은 햇빛이 너무 많습니다

보물섬
──환상 수첩 1

　나의 장난기──꽃, 그 여자의 앞가슴 단추를 따고 손가락 하나를 곧추세워 유방의 꼭지를 누른다. 간지러운 사물의 젖꼭지, 부끄러운 본질의 아름다움. 세상의 순수한 모든 것은 장난을 좋아한다. 나의 장난──나의 순수와 그 철없는 사물과의 사랑.

　내 앞의 현실, 나의 가장 아름다운 해체, 나의 가장 아름다운 환상의 입체. 빌딩과 기와집과 오물이 뒹구는 골목 사이로 가면 기름투성이 먼지를 뒤집어쓴 잡풀들. 극기로 가는 내 꿈의 잔해들이다.

　자꾸만 내려앉는 하늘, 내려앉은 하늘이 빌딩의 사각 모서리에 걸려 있다. 그 밑에서 호흡이 가쁜 사람들이 노란 해바라기 형상이다. 광기, 꿈의 흑점이 내리박히는 해바라기, 그 위로 알몸을 드러내는 도시의 권태. 몇 사람이 구름에 사다리를 걸고 위로 위로 오르고 있다. 끝없이── 어디에선가 착각처럼 예루살렘의 닭이 운다. 내 귀의 장난?

　사람들은 강박관념을 앓는다. 전염병이다. 사물들은 문을 닫아걸고 그들끼리 산다. 말도 그들끼리, 고독도 그들끼리, 사랑도 그들끼리. 나는 짓궂은 어린이, 모험을 즐기는 동화 속의 한 아이. 보물섬의 젖꼭지를 누른다. 나의 철없는 사랑. 간지러운 섬의 젖꼭지, 몸을 비틀면 딸기와 포도 덩굴이 뒤덮인 바위가 보인다. 나는 매일 보물섬으로 가는 배를 탄다. 보물섬의 있음—오, 순수한 모순이여. 나는 아버지를 반역하고 흔들리며 흔들리는 만큼의 쾌락에 잠긴다. 시커먼 동굴이 있는 그것으로 이미 나는 행복한 자. 나는 세상이 모두 길로 이어져 있음을 길에서 보았다.

하늘 가까운 곳
―환상 수첩 2

　스무 살 때의 나는 엉터리 국수주의자, 커피와 자장면과 우동을 거절했다. 지금의 나는 하루에도 다섯 잔의 커피, 정철보다 히피의 기타쟁이의 환상. 그 나라를 아세요? 환상의 나라는 길의 나라, 벽에도 그물처럼 수많은 문이 달려 있다. 구부러진 나의 O형 다리와 그물코 사이로 시간과 함께 천천히, 천천히 걸어나가 한 나라를 보면, 그 나라는 사랑의 虛數. 그 속에 내 방이 납작하게 끼여 있다.

　1층보다 하늘과 가까운 곳에 있는 2층 목조의 방은 나의 현실. 어딘가 불편한 소리가 층계의 잠을 깨운다. 두드려도 열리지 않는 다른 방의 문, 내가 혼자의 자유로 여기 있음을 증언하지 않는 증인, 대낮에도 나의 방은 1층으로부터 우주로 이륙할 수 있음을 말해주지 않는 집, 나는 그 속에서 그리운 먼지 냄새에 묻혀 홍길동을 읽는다. 길동을 따라 시간 밖으로 나가서, 시간 밖으로 나가서 비로소 보이는 등기되지 않은 현실.

　―당신의 눈에도 보입니까?
　등기되지 않은 현실.

소리에 대한 우리의 착각과 오류
—환상 수첩 3

나의 꿈 시대, 너의 꿈 시대, 꿈의 시대가 산으로 갑니다. 산은 어디에?

나를 내려놓고, 오후 3시, 그 사람이 고속버스로 서울로 갑니다. 언어가, 모순이, 사랑이 고속버스를 타고 오후 3시를 지나갑니다. 내 앞에는 서울로 가는 길이 고속버스가 가지고 가고도 많이 남아 있습니다. (서울은 참 아름다운 곳입니다!) 나는 터미널에 사지가 짐짝처럼 포개져 놓입니다. 내가 보는 앞에서 오후는 꽝꽝 문을 잠그고 시간을 오뉴월 개처럼 방목합니다. 심심해서 문이 잠긴 오후의 심장을 두드려봅니다. 무반응.

산은 어디에? 산은 모기 소리 속에. 영양이 풍부한 어둠 속에 뿌리를 뻗고 있는 산의 맥. 산에는 말이 없고 소리만 있습니다. 새소리, 돼지 소리, 바람 소리. 그리고 모기 소리. 소리에 대한 우리들 사랑의 착각과 오류를 혹시 아십니까? 처음에는 새소리를 사랑합니다. 다음에는 돼지의 소리, 그 다음에는 바람의 발자국 소리에 잠이 깹니다. 그리고 그 다음에는? 밤이다아, 어둡다아, 아아아, 하고 우는 모기의 소리를 들은 적이 있으십니까?

산에도 밤에는 모기가 웁니다. 아아아, 어둡다아.

병자호란

여름, 방문을 걸어잠근다. 섭씨 35도. 벽면에 땀방울이 계속 솟아올라 차례로 엉킨다. 한국사는 이조 후기에 그대로 멈추어 책장이 넘어가지 않는다. 병자호란 때 책정된 세공 품목, 米 10,000包, 布 1,400疋, 各色細布 10,000疋 등 23개항의 몇만 개의 동그라미가 길바닥에 주저앉아 하늘을 우두커니 보고 있다. 황금 일만 냥의 더위, 대기의 移動軍이 병자년의 동그라미 앞에 발이 묶인다. 유리의 벽, 보이지만 닿지 않는 세계.

역사—기호화된 언어, 누군가 도끼로 언어의 심장을 빠개는 소리가 들린다. 존재해 있음의 소리.

戱詩

이것은 詩 이야기가 아닙니다. 학교에서 공짜 비슷하게 얻어 배운 그 많은 지식마냥 졸업장만 받아두고 깨끗이 반납해버린, 그런 것 중의 하나입니다. 공짜 이야기가 나왔으니 말입니다만, 나는 공짜를 정말 좋아합니다. 나는 공짜로 어머니 눈물 한 방울, 神酒 한 잔, 삼류 화가 그림 한 점, 여자 손톱깎이, 꿈, 이런 것들을 받은 역사가 있습니다. 공짜는 달콤하고, 달콤한 꿈의 한때 역사는 알사탕! 알사탕을 먹는 시간은 짧고 口腔의 空은 깁니다.

꿈의 역사, 노래의 역사, 팬티의 역사, 발가락의 역사——빨랫줄의 빨래마냥 그리운 냄새는 떨어져 강으로 가고 하늘로 가고. 역사 이야기가 나왔으니 말입니다만, 한 사람이 살다가 죽은 역사가 있습니다. 나무가 말을 한다는 신화를 믿은 한 바보가 살았지요. 그 사내는 한 그루 나무가 말을 할 때까지 기다렸지요. 기다리며 귀를 갈고, 기다리며 코를 갈고, 그렇게 한 그루 나무를 쳐다보며 살다가, 나무를 바라보는 눈 그대로, 귀 그대로 그곳에서 죽고 말았습니다.

웃기지요? 그런데 한 사람이 죽었다는데, 왜 우리는 우습기만 한지 혹시 아시나요?
뭐라고요? 무엇이라고요?
개새끼!

나의 데카메론

2월 6일, 일요일. 10시 5분 전 기상. 커튼을 걷고 창밖을 내다봄. 거리는 오늘도 안녕함. 안녕한 거리에 하품 나옴.

변소 2번(처음에는 대변, 다음에는 소변) 왕복함. 소변 후 내려다 보인 남근 새삼스러워 한 번 들었다 놓음. TV 스위치 1번 누름. 재미없음. 『오늘의 스타』란 책 1분 만에 다 봄. FM 라디오 스위치 누를까 하다 그만둠. 심심해서 시계를 보았더니 시간이 엿가락처럼 늘어져 누운 채 "이 병신, 일요일이야!" 함

生界엔 별일 없음. 문협 선거엔 미당이 당선된 모양이고, 내 사랑 서울은 오늘도 안녕함. 서울 S계기의 미스 천은 17살(꿈이 많지요), 데브콘에이 중독. 평화시장 미싱공 4년생 미스 홍은 22살(가슴이 부풀었지요), 폐결핵. 모두 안녕함.

亡界의 수영은 김우창의 농사가 잘되어 술맛이 좀 풀린다고 히죽 웃음. 오후 3시, 엿가락처럼 늘어져 누워 있는 나에게 亡界의 쥘르 형으로부터 편지 옴.

오, 정말 쓸모없는 시인이구나
너무 들어박혀 있으면 병들지
이렇게 좋은 날씨에 방구석에 박혀 있는 사람은 없지

약방에 가서 싸구려 해열제라도 사와라
그것도 좀 운동이 될 테니까.
좀 운동이 될까 하고 하품 다시 함.

* 본문 중 4행의 라포르그 시는 「일요일」에서 인용.

가나다라

　가까운 곳에, 꿈 옆에, 꿈의 기집 권태가 누워 있습니다. 노란 신비가 자라는 논밭. 노란 주둥이를 내밀고 오늘도 어린것들이 권태의 젖을 빨며 자라고 있습니다.

　나일 강은 여기에서 먼 곳. 그러나 여기까지 출렁출렁 들리는 물결 소리. 먼 곳과 가까운 곳, 이 언어의 관념을 수정하라고 아침마다 풍성한 사건을 들고 찾아오는 역사 앞에서

　다락방, 다락방의 의미가 무엇인지 아시지요? 습기 찬 역사의 뒤뜰, 그곳에 재고량이 충분한 고독. 필요한 사람은 없으신지요?

　라면 한 봉지에 45원.
　그러나 45원짜리 고독은 이 땅 위에는 없습니다.

경복궁
―아관파천

　경복궁이 이 나라의 왕 고종을 궁녀의 교자에 태워 중신과 백성 몰래 밖으로 내보내버린 것은 1896년 2월 11일. 영추문은 경복궁이 시키는 대로 門을 열고 정동 러시아 공사관에 얻어놓은 단칸 전세방으로 가는 길만 눈으로 가리켰다.

　이 나라의 겨울을 겨울답게, 겨울답게 맞이하기 위해 왕을 내보내버린 뒤 빈 궁궐로 춥고 긴 겨울을 맞이하던 경복궁. 본 사람이 있는지 모르겠다. 그 경복궁 뒤뜰 한 돌담 모서리에 다음과 같은 내용의 문구가 새겨진 바위가 이끼로 덮여 있음을.

　―나를 사랑해야지
　내가 남보다 먼저 나를.
　구두를 닦기 싫어하는 나를
　구두에 먼지가 좀 있어야 내가 사실임을.

유다의 부동산

김포가도에 올라선다. 순간, 무너지고 부서진 거리를 한강이 모두 내놓고 햇볕을 쬐고 있는 광경이 내 눈에 들어온다. 이 순간, 내 눈은 하느님의 눈이다. 고요하고, 따뜻하고, 사실을 사실로 사랑하는 긍정이 햇빛에 아름답게 반짝 빛난다.
　―내가 부활하려나?

거리. 부동산 붐에 올라타고 청바지를 입은 젊은 부인들이 길 건너 아파트 공사장으로 떼지어 간다. 서부 사나이들처럼 늠름하게, 그리고 천천히. 부동산―움직이지 않는, 움직일 수 없는 재산. 겨우 아파트나 가옥이 부동산인 이 시대의 목수들은 습관처럼 십자가에 못을 쾅 쾅 박고 있다.
　―내가 부활하려나?

나는 처음에 믿지 않았다. 어느 날 나를 찾아온 한 랍비가 들려준 말을. 감람산의 올리브나무 밑에서 나사렛의 예수가 유다의 두 팔을 잡고 울며 했다는 말을.

나의 생애를, 저 이적밖에 바라지 않는 사람들을 위해 이적에서 누군가가 나를 구해주어야 한다. 사랑은 이적이 아니라는 사실을, 사랑은 즐겁게 고통을 이해하는 힘이라는 사실을 모르는 저 사람들을 위해 나를 네가 구해주어야 한다. 부탁이다 유다여. 사람들은 극적인 것을 좋아한다. 극적인 것의 허구를 모르는 저 사람들은 영원히 허구를 모를 것이다. 그 사람들을 위해 나는 극적으로 죽어야 한다. 부탁이다. 유다여, 너만이 나를 위해 배반해줄 수 있다.

 지금은 눈에 보인다, 아파트 공사장 위로. 예루살렘으로 가는 게헨나 언덕에 나사렛의 목수와 헤어진 가롯 유다가 혼자 하루 종일 쳐다본 하늘─그 유다의 부동산. 구름 낀 그러나 마지막엔 끝없이 맑고 고요해지던 하늘.

그 회사, 그 책상, 그 의자

　8월 초, 그 회사 그 책상 그 의자에서 일어나 문밖으로 나선다. 거리. 오후 2시의 햇볕이 굶주린 진딧물처럼 내 목덜미와 팔에 새까맣게 착착 달라붙는다. 내 피부는 금방 흐물흐물 녹기 시작한다. 나보다 먼저 이 땅의 햇볕에 흐물흐물 녹아 있는 길들. 형체가 없어진 그 길, 그런 길 위에서 사람들은 방향의 감각을 잃고 있다.

　길을 알기란 어렵지 않다고 연암은 말했던가? 道不難知 惟在彼岸. 길은 강 언덕에 있다? 길이 있다는 강, 한강 쪽으로 발을 옮겨놓는다. 발을 옮겨놓을 때마다 녹아버린 길의 허연 살점이 신발에 엉겨붙는다. 움직이고 있음 또한 살아 있음을 진행형으로 말하는 강, 움직이고 있음 또는 살아 있음을 진행형으로 말하는 우리의 말과 우리의 시간의 속은 그래서 늘 캄캄하다. 강물 속처럼. 암호의 움직임처럼.

　길이 있는 곳은 소리가 있다? 소리가 있는 한강변. 자동차 엔진 소리. 액셀러레이터 밟히는 소리. 시멘트 바닥을 긁어내며 차 바퀴가 구르는 소리. 달아나는 소리. 쫓아가는 소리. 호루라기 소리! 소리, 소리, 소리, 소리가 휘두르는 칼에 잘려나가는, 그리고 잘려나간 한강변 사람의 감수성을 한강변 사물이 지하로 재빨리 운반하는 소리. 아, 덥다. 한강변 소리의 천국.

이 시대의 순수시

자유에 관해서라면 나는 칸트주의자입니다. 아시겠지만, 서로의 자유를 방해하지 않는 한도 안에서 나의 자유를 확장하는, 남의 자유를 방해하지 않기 위해 남몰래(이 점이 중요합니다) 나의 자유를 확장하는 방법을 나는 사랑합니다. 세상의 모든 것을 얻게 하는 사랑, 그 사랑의 이름으로.

내가 이렇게 자유를 사랑하므로, 세상의 모든 자유도 나의 품속에서 나를 사랑합니다. 사랑으로 얻은 나의 자유. 나는 사랑을 많이 했으므로 참 많은 자유를 가지고 있습니다. 매주 주택복권을 사는 자유, 주택복권에 미래를 거는 자유, 금주의 운세를 믿는 자유, 운세가 나쁘면 안 믿는 자유, 사기를 치고는 술 먹는 자유, 술 먹고 웃어버리는 자유, 오입하고 빨리 잊어버리는 자유.

나의 사랑스런 자유는 종류도 많습니다. 걸어다니는 자유, 앉아다니는 자유(택시 타고 말입니다), 월급 도둑질하는 자유, 월급 도둑질 상사들 모르게 하는 자유. 들키면 뒤에서 욕질하는 자유, 술로 적당히하는 자유. 지각 안 하고 출세 좀 해볼까 하고 봉급 봉투 털어 기세 좋게 택시 타고 출근하는 자유, 찰칵찰칵 택시 요금이 오를 때마다 택시 탄 것을 후회하는 자유. 그리고 점심 시간에는 남은 몇 개의 동전으로 늠름하게 라면을 먹을 수밖에 없는 자유.

이 세상은 나의 자유투성이입니다. 사랑이란 말을 팔아서 공순이의 옷을 벗기는 자유, 시대라는 말을 팔아서 여대생의 옷을 벗기는 자유, 꿈을 팔아서 편안을 사는 자유. 편한 것이 좋아 편한 것을 좋아하는 자유, 쓴 것보다 달콤한 게 역시 달콤한 자유, 쓴 것도 커피 정도면 알맞게 맛있는 맛의 자유.

　세상에는 사랑스런 자유가 참 많습니다. 당신도 혹 자유를 사랑하신다면 좀 드릴 수는 있습니다만.

　밖에는 비가 옵니다.
　이 시대의 순수시가 음흉하게 불순해지듯
　우리의 장난, 우리의 언어가 음흉하게 불순해지듯
　저 음흉함이 드러나는 의미의 미망, 무의미한 순결의 몸뚱이, 비의 몸뚱이들……
　조심하시기를
　무식하지도 못한 저 수많은 순결의 몸뚱이들.

김해평야

김해평야를 껴안고, 좀 에로틱합니다만
김해평야의 입술이며 가슴이며 허벅지, 그리고 김해평야의 발꼬락까지 더듬으며
손이 머물고 싶은 곳에 머물며
흘러갑니다 내가 아닌 낙동강이.
흘러갑니다 낙동강이 아닌 시간이 낙동강 위에 배를 띄우고
'아나고' 한 접시에 소주잔을 꺾으며.

김해평야. 시속 80km, 그 속을 고속버스가 지나갑니다. 시속 80km에도 아직 익숙지 못한 풍경이 잠시 몸을 흩뜨립니다. 풍경의 삶, 그 잘 풀리는 허리띠와 아랫도리.

김해평야의 길도 나의 집, 너의 집, 우리의 집으로 이어져 있습니다. 멀리 보이는 것은 항상 불투명한 채로 방치하는 우리 정신의 다른 이름인 원근법―그 합리주의의 길목마다 크고 작은 집을 짓고 사는 우리들. 방에는 항문이 닿은 곳에 은은한 구린내가 납니다. 나도 구린내 나는 나의 발바닥을 쳐다봅니다. 맹목적으로 반짝반짝 윤이 나는 발바닥. 함께 내려다보던 나의 진폐증이 한심한 듯 나를 망치로 말뚝처럼 땅에 박아버립니다. 딱, 딱, 딱…… 그 바람에 나의 키는 하늘로부터 더욱 멀어집니다.

살아 있는 말뚝. 숨쉬는 말뚝. 말뚝, 말뚝이.

내가 머무니 나의 진폐증도 함께 머뭅니다. 평야——김해평야. 우리의 원근법 화폭을 충분히 만족시켜주는 넓고 아득함, 또는 아득한 풍성함의 땅. 그러나 풍성한 그것만큼 아무것도 잡히지 않는 한 풍경만 보여주는 우리의 1977년의 삶, 김해평야.
  이 평야를 떠나지 못하는 나, 말뚝, 말뚝이. 얼럴럴럴 내기럴꺼.

방아깨비의 코

방아깨비의 코
새앙쥐의 코
메추리의 코
그 작은 코 보셨습니까?

뜸부기의 입
뻐꾸기의 입
종다리의 입
그 작은 입 보셨습니까?

비가 오면 이 작은 것들도
비에 젖습디다
방아깨비의 코
뻐꾸기의 입

(표현의 엄밀성, 그러니까 표현하고자 하는 세계에 대한 인식의 엄밀성을 기술적으로 회피하고 있는 이 시가 씌어진 날은 내가 空虛로 空치는 날.)

비 오는 날, 비가 오면
내 작은 눈, 입, 코, 귀도 비에 젖습디다.

눈 위에 빗방울, 코 위에 빗방울.

환상을 갖는다는 것은 중요하다
―楊平洞 1

왕자가 사는 나라에는 언제나
장난감 칼이 필요하고
왕자가 사는 나라에는 언제나
예쁜 공주가 필요하다.
왕자가 사는 나라에는 언제나
착한 백성들이 필요하고
왕자는 반드시 어릴 필요가 있다.

왕자는 왕의 아들
부왕이 죽을 때까지 어릴 필요가 있다.
왕자가 아닌 아이들은 아버지가
죽을 때까지 어리지 않아도 되고
아버지가 살아 있을 때
아버지의 아버지가 되어도 된다는 것을
동화책을 읽으며 나는 깨닫는다.

이기의 알사탕은 달콤하다.
우리가 사는 달콤한 알사탕의 사회
어른이 되어서도 달콤한 알사탕을 달콤하다고 하는 사회
환상을 갖는다는 것은 중요하다.
아버지보다 먼저 아버지가 되기 위해서는

아버지보다 먼저 아버지의 아버지가 되기 위해서는
환상이 필요하다.
여자가, 술이, 담배가,
섹스가, 도박이 필요하다.
섹스와 도박이 필요하다 민주 시민은.

저 혼자 즐거운 건 오뚝이. 오뚝이를 보고 있으면 이조 역사가 생각나고, 이조 역사가 생각나면 한 사내가 떠오른다.
술을 몹시 좋아한 한 선비가 살았다
숙종 때.
장성으로 귀양을 가게 되자
그는 물었다, 그곳에도 소주가 있느냐고.
있다고 대답하자 그는 말했다
됐다.

長城으로 定配되어 죽은 吳道一은 幻想國의 거지. 字는 貫之, 號는 西坡, 牛溪 成渾의 후학 允謙의 孫子. 현종 癸丑에 文科及第, 숙종 때 大提學을 지낸 이른바 東人 三學士의 한 사람. 그의 先祖인 B보다 뛰어난 점은 단 하나 酒量. 西人의 少論分子. 西人의 少論分子라도 長城에 소주 있어 됐다는 그가 좋아 나는 매일 만난다, 幻想國의 주막에서.

나의 싸움은 흰색과의 싸움
나의 싸움은 순결과의 싸움
왕자는 왕궁에 살고
나는 매일 만난다 아버지보다
먼저 아버지가 되기 위해 저희들끼리 소주를 마시는
양평동의 아이들을.

* '楊平洞'의 바른 지명은 '楊坪洞'이다. 필자가 고의로 고쳐 쓴 것이다.

등기되지 않은 현실 또는 돈 키호테 略傳
── 楊平洞 2

돈 키호테를 아시지요?
라 만차의 케하다 또는 키하다라는 이름의 50대 사내.

식탁에 앉아 한 손으로 턱을 괴고 창밖을 바라봄. 창밖의 풍경과 어울리게 아랫배에 힘을 빼고 선 나무들. 그 나무들의 라 만차.

어둠이 맥을 놓고 있음. 식탁 위의 요리, 양고기보다 쇠고기가 많이 섞인 고기 범벅, 야채, 수프, 빵. 어제와 그제와 또는 언젠가와 같이 그러함. 야채 몇 번, 고기 요리 두 번 포크로 쿡쿡 찔러 먹다 말고 창밖을 봄. 몬티엘 평야, 그도 같음.

어제 새로 맞춘 벨벳 바지와 구두 다시 꺼내 신고 입고 함. 그래도 아직 시간은 초저녁을 서성거림. 어디선가 웃음소리. 돌아보니 책에서 나온 기사 고올의 아마디스, 베르날도 델 카르피오, 거인 모르간테가 서가 옆에 서 있음.

환상. 흔들리는 이상의 나무 잎사귀. 실바의 펠리시아노 기사담 다시 들다 팽개침. 등기되지 않은 현실, 환상. 등기되지 않은 현실 속으로 뛰어듦.

갑옷, 투구, 방패 손질함. 스스로 구속할 자기의 다른 이름들을 구함. 사랑을 바칠 여신도 한 명 정함. 이름하여 둘시네아 델 토보소.

아가씨여, 저는 마린드라니아 섬의 주인, 거인 카라쿨리암브로이온데 라 만차의 돈 키호테님에게 단번에 패해, 아가씨 존전에 뵈오라는 분

부를 받았습니다. 아가씨여, 이 몸을 마음에 드시는 대로 처분하옵소서. 미소가 떠오름. 창밖을 보니 파란 하늘에 흰 구름이 가볍게 발을 옮김.

태양신 아폴로가 광활한 대지의 얼굴 위에 그 아름다운 황금의 수실을 펼쳐내자마자 色色小鳥들이 투정하는 남편의 품속을 빠져나와 라 만차의 지평선의 문과 발코니에 나타난 장밋빛 새벽 여신의 강림을 달콤한 노래로 맞아들일 틈도 없이, 라 만차의 케하다氏 아니 돈 키호테 로시난테에 올라 몬티엘 평야를 출발함. 한 손에 창을 들고 한 손에는 방패를 들고.

막막한 들, 그러나 딸깍딸깍 로시난테의 말발굽 소리.—소리 또는 있음, 그대여. 그대 사랑하는 탓으로 고통을 사랑으로 선택하는 한 하인을, 그대는 용납하소서.

종일 말을 달림. 저녁에야 작부 둘이 서 있는 주막을 발견하고 길을 멈춤. 환상과 현실. 나의 현실은 내가 그곳에 있으므로 나의 현실, 내가 그곳에 숨쉬므로, 내가 그곳을 느끼므로 나의 현실. 잠시 눈을 감았다 뜸. 너희들은 작부. 아가씨들이여, 나의 말을 믿어주십시오. 여러분의 외모에 분명히 나타나는 바와 같은 지체 높으신 아가씨들에게 해를 가하는 것은 제가 속한 기사단에 어울리지도 합당하지도 않는 일입니다.

작부들, 작부답게 웃음을 터뜨림. 현실에서.
돈 키호테, 돈 키호테답게 웃음. 현실을 밟고 올라선 로시난테 위에서.

* 본고 중 고딕 부분은 소설 『돈 키호테』에서 인용.

한 나라 또는 한 여자의 길
―楊平洞 3

　양평동에서 가장 가까운 역은 영등포. 영등포에서 11시 열차로 사랑하는 서울을 떠남. 내 사랑은 두고 서울만 떠남. 좌석이 없어 입석권을 구입, 맥주를 마시는 핑계로 식당차에 편히 앉음. 떠나며 돌아보니 속옷 바짓가랑이가 다 나온 영등포가 떠나는 나를 보더니 한 번 픽 웃고 돌아섬. 떠남. 역사의 서울, 꿈의 서울, 여자의 서울.

　13시 대전 도착. 문화인의 긍지를 살려 즉시 커피부터 한잔 들이켬. 대전―감흥 없이 올라타지는 여자, 그저 그렇게 대전의 몸을 한두 시간 올라타 흔들거림. 대뇌의 전두엽 어느 부위에선가 나사가 하나 빠져 굴러다니는 소리가 들렸음.

　발부리를 잡아 공주산성에 오름. 동물이라고는 나 한 마리. 나머지는 모두 공주산성임.
　당갑사 중치마 붉어서 좋고
　백화나 단속곳 넓어서 좋아
　이 풍요를 부르던 금강의 백성은 지금 어디에 있는지 알 수 없음. 나 혼자 그 풍요의 단속곳에 일박함.

　밤이 되니 내 사랑 서울 떠오름.
　속옷이 다 나와서 오히려 그녀다운 그녀. 속옷이 저희들끼리 축복하느라고 펄럭임. 내 사랑 서울에 대한 나의 밤인사는 다음과 같음. 오늘 밤도 어제와 같이 속옷을 벗겨주는 사내를 꼭 구하소서.

      *

나에게는 어머니가 셋. 아버지는 여자는 가르쳐주었어도 사랑은 가르쳐주지 않았다.
사랑이란 말을 모르고 자란 아버지와
사랑이란 말을 모르고 죽은 아버지의 아버지의 나라.

그 나라에 적당하게 자리 잡은 여자가 셋. 둘은 무덤 속에. 그리고 사라져버린 한 여자.

무덤을 딛고 내가 올라서니
두 개의 길이 보이는구나
사랑을 알기에는 너무 단순한
한 나라의 길과
사라져버린 한 여자가 혼자 걸어간 길.

나에게는 어머니가 셋. 어머니가 많아 행복하다.
어머니, 내 어릴 때부터의 모순의 나무. 그 나무들의 그늘 밑에서 나는 동화책을 읽었다. 왕자는 왕이 죽을 때까지 어릴 필요가 있는 왕의 나라 이야기, 아버지보다 먼저 아버지가 되기 위해서는 술이 담배가 여자가 필요하다는 왕의 나라 이야기.

모순—나에게는 그러나 물이 흐르고 바람이 부는 나라. 시장이 큰 중동의 무더운 흙냄새가 바람을 일으키는 나라. 발레리의 안경을 수리해준 나라.
이 나라에서 지금도 나는 동화책을 읽는다. 군신유의, 장유유서, 부자유친, 부부유별, 붕우유신의 동화. 떼를 지어 숲속에 노니는 義·序·親·別·信. 숲의 나무들이 부르는데, 아 어디로 갔나 여기 있어야 할 사랑 愛. 忠·孝는 지금도 있는데, 아 어디로 갔나. 사랑 愛, 미운 오리 새끼.

    *

주막. 작부 웃지 않음. 옛 瀆盧國, 유민과 유배인의 고독한 땀냄새가 나는 바닷가, 거제의 葛烏酒幕에 앉아 나는 무슨 노래를 들었던가.

장가라고 가노라니 첫날밤에 해산했네
오늘왔던 새신랑아 술이나빠 가실라요
안주나빠 가실라요

술도 싫고 안주도 내사싫소
오늘왔던 새매부야 술이나빠 가실라요
안주나빠 가실라요
술도 내사싫고 안주도 내사싫소
병풍뒤에 우는애기 젖달라고 깽깽우네
냇물같이 흐르는젖 조랑말고 젖주어라
아이구답답 서방님아 기어코 갈랴거든
아이이름 지어주소
애기애비 어디가고 내가이름 지어줄고

베개를 고쳐 누워도, 고쳐 누워도 허리가 아픈 바다.
아, 어디로 갔나. 사랑 愛, 미운 오리 새끼.

환상 또는 비전
―楊平洞 4

상상, 힘의 탄소 동화 작용. 늘 신생의 사물 속에서 청색의 물을 퍼올린다. 사방향의 길, 넓은 들판. 어디로 갈까?

그러나 잿더미, 無化시킨 대지 위에서만 타오르는 불빛―적색의 환상. 잿더미 위라서 잘 보이는구나 무너지지 않은 벽과 무너지지 않은 길. 그곳에 자리한 외로운 투명과 可視의 나라.

행복한 시대, 행복한 자의 땅, 몽상. 저주 있기를. 황색, 그 권태의 산기슭에 아물아물 자라는 노란 풀잎들.

빗방울 또는 우리들의 언어
──楊平洞 5

비가 온다. 빗방울이 유산지처럼 땅을 덮고 있는 대기에 구멍을 뚫는다. 숨구멍이 여기저기 생긴다. 하나 둘, 스물, 쉰……

하나 더하기 둘은 셋, 둘 더하기 셋은 다섯, 이 사랑스럽도록 확실한 수치들. 이 의심할 수 없는 명확함을 웃어버리는 빗방울들. 빗방울들이 주저 없이 몸의 수치를 무화시킨다. 부서지는 아픔, 무화되는 아픔, 그러나 사랑의 다른 이름인 빗방울.

빗방울이 쉴 새 없이 시멘트 바닥에 머리를 들이박는다. 그때마다 내 전신이 따끔따끔한 게 유쾌하다. 엊저녁엔 우리집 개새끼들도 우국적으로 짖었는데 비가 오니 조용하다. 흥분하지 말자 입구만 더럽히는 밤이 온다. 빗물이 스크럼을 짜고 대지의 껍질을 뜯어내고 있다. 불그스레한 살이 드러나고 핏줄이 얼굴을 내민다. 시인? 시인의 얼굴? 동화 작가. 빗방울 왕자.

朝刊이 온몸이 젖은 채 배를 깔고 누워 차례를 기다리고 있다. 비가 온다, 천사의 소변. 이 시대의 영웅 스타 플레이어들의 사진이 패잔병마냥 후줄근하다. 시인? 오늘날의 시인? 후줄근하게 젖은 옷을 입을 수밖에 없는 문명. 매독을 앓는 牧神.

  *

꿈을 꾸지 못하는 밤이 있다
내가 편안하기 때문이다

꿈을 꾸지 못하는 밤이 있다
내 몸이 편안하기 때문이다

꿈을 꾸지 못하는 밤이 있다
싸움을 망각하고 싶은 밤이 아니라
싸움을 포기한 밤이기 때문이다

아직도 포기할 수 있는 밤이 있기 때문이다
매독에 걸리지 않았기 때문이다

  *

꿈? 우리의 꿈은 우리들 아픈 사고의 연대, 너와 나의 꿈은 너와 나의 아픈 사고의 연대. 담배를 피워문다.

비가 오고 있다. 엊저녁 악몽에서처럼. 우산을 들고 뜰을 거닐고 있는 아버지. 비가 와도 비에 젖지 않는 우산 속의 세계, 우산 속의 세계 속의 아버지는 우산 속의 세계 속의 백의민족.

언제 선거가 있었는지 수국, 개나리, 산난초, 무화과, 봉숭아, 목부용 사이를 비집고 어느새 장미가 중앙청에 자리 잡고 있다. 지금은 황당무계한 친구가 위대해 보일 때. 황당무계하지도 못한 이 시대의 아침은 늘 내 등줄기의 식은땀의 감각만큼 체온이 빠져 있다.

……도로 위에 녹슨 수술대가 하나 놓여 있었어요. 비가 왔어요.

녹슨 수술대가 신음처럼 가끔 녹물을 꾸역 토한다. 불길한 구도! 수술대 가까이 가보니 누군가 허리에 낡은 양피를 걸치고 사지를 퍼뜨리고 있다. 牧神! 자세히 보니 사지가 수술대에 묶여 있다. 수술대 밑에는 자포자기한 몸을 녹물에 맡긴 채 角笛이 나를 빤히 쳐다본다.

왜 묶여 있지요?

—왜?

왜 묶여, 하다가 나는 어리석은 질문에게 병신! 하고 욕을 해 던지고 角笛을 들고 불어본다. 소리 대신 녹물이 뚝 떨어진다.

도로 옆 목장에는 12횡대로 집합한 양떼가 분열식 연습이 한창이다. 지휘관의 말 한마디에 의해 이루어지는 절대적 질서—절대 질서의 아름다운 풍경. 양떼들은 풍경 속의 한 그루 나무, 한 마리의 새, 한 점의 구름, 한 조각의 쇠붙이, 한 토막의 꿈 등등 시시각각 다른 존재가 된다. 하낫둘 하낫둘 다른 존재, 다른 목숨 되기 하낫둘—사열대 위에는 제우스가 서 있다. 내가 아는 사람과 많이 닮은 얼굴이다.

어떻게 왔을까. 수술대를 짊어진 채 牧神이 내 옆에 우뚝 서서 분열식을 보고 있다. 수술대와 그를 버티고 서 있는 다리가 나무뿌리처럼 땅속에 박힌다. 제우스가 그 모양을 보고 빙긋 웃으며 어깨를 한 번 추스른다.

하낫둘 하낫둘—점점 굵어지는 牧神 이마의 땀방울. 하낫둘 하낫둘, 점점 굵어지는 빗방울. 어디선가 여우가 문화적으로 운다. 시간이 갈수록 주먹만해진 빗방울이 牧神의 머리며 어깨, 팔다리를 사정없이 후려갈긴다. 아—아—아—고통스런 쾌감에 전신을 부르르 떠는 牧神.

무슨 망령에 홀린 것일까? 갑자기 분열식을 멈춘 12횡대의 양떼들이 牧神 쪽으로 달려오기 시작한다. 바람이 羊떼에 몰려 먼저 울타리를 넘는다.

　—정지! 목장의 울타리에는 전기가 흐르고 있음!

　정지!

　정지!

정지!

정지!
정지!
왜 무슨 소리야?
우산 속의 백의민족, 우산 속의 아버지가 나를 돌아본다. 아버지를 따라 적산 가옥의 뜰도 돌아본다.

아직도 비가 온다. 악몽에서처럼. 빗방울이 유산지처럼 우리집을 덮고 있는 대기에 구멍을 뚫고 있다. 숨구멍이 여기저기 생긴다. 하나, 둘, 스물, 쉰…… 나는 담배를 피워물고 그 구멍으로 연기를 내보낸다.
빗방울이 뚫어놓은 구멍을 통해 보이지 않던 그 존재를 간접적으로 드러내는 투명한 벽. 그렇다면 빗방울의 존재를 나는 다 이야기한 것일까. 시와 시인을 다 이야기한 것일까. 나의 담뱃불이 교전이 멎은 전선의 외로운 불빛마냥 잠깐 밝았다 사그라진다.

불균형, 그 엉뚱한 아름다움
—楊平洞 6

무슨 망령이 든 것일까? 내가 무슨 말을, 나는 행복하려고 태어났다. 코스모스, 참새, 돌멩이, 말똥, 壁아. 이리 와 고통, 꿈, 피조리, 옴종, 시간 등등과 함께 이야기를 하자. 나에게도 너에게도 대화를 한다는 건 중요하다. 어떤 내용인들 상관있으랴.

양평에는 태평루와 남산옥, 내가 사는 不二아파트(不二 좋아한다). 아파트를 나와 고무신을 끌고 거리를 어정거린다. 매일 보는 거리인데 매일 보아도 이방의 거리인 양 건물은 건물대로 길은 길대로 나를 거부하고 또 나를 유혹한다. 거부의 탄력과 유혹의 흡인력, 나는 즐긴다 그것들의 달콤함을.

태평루의 유리문이 양평을 보인다. 투명한, 그러나 투명한 만큼 아무 비밀도 없는 유리의 세계를 묵묵히 그리고 거침없이 차단해버린 커튼의 의지가 햇빛에 반짝반짝 빛난다. 내가 신은 내 고무신의 비현실성처럼.

남산옥에서 제일 얌전한 화자, 화자의 애인은 청바지 청년. 대낮부터 청마루에 앉아 애인의 손금을 보고 있는 청바지. 무슨 상관이랴 그들에게 청바지를 입을 수 있는 자유와 벗을 수 있는 자유가 있는 한. 어제는 무협지 대본집에 갔다, 그제는 시장. 死語 더미, 死語의 책을 내 코앞에 갖다 대며 대본집 아저씨는 웃었다. 남산옥 화자가 청바지 코앞에 코 갖다 대듯 그렇게. 행복하게 그렇게, 허무하게 그렇게.

바람도 없는데 어디서부터인지 구겨지는 양평. 구겨지면서 아니 구겨지는 듯 입 씻고 앉은 양평 로터리를 고무신을 끌고 바지 주머니에 두 손을 찔러 넣고 어정거린다, 나는. 거부를 보면서 또 나에게 구겨지라고 유혹하는 길의 꿈틀거리는 허리와 엉덩이를 보면서.

담장에서 새 한 마리가 울고 있다. 영혼은 울지 않는다. 입이 없기 때문이다. 울 수 있는 것은 살아 있는 육체뿐, 기뻐하라 살아 있는 육체여 새여, 울 수 있는 권리와 의무 그리고 약간의 방종까지.
 질서? 나는 한때 정확한 논리 명쾌한 질서를 원했다. 논리와 질서란 자본 또는 상품, 자본화된 또는 상품화된 나와 너의 유통 경로인 것을, 편한 만남인 것을. 그러나 나를 도로 통행세로 다 지불하는 것임을 알고 있는 지금은?

가을. 나는 행복하고 싶다. 들에는 콩잎이 마르고 무리를 자랑하는 코스모스. 주식회사 '自然'을 쌓아올리는 저 무수한 환희와 고통과 비애의 표정—꽃잎들. 나는 잠깐 감동을 즐긴다. 이 골목 저 들판, 이 길과 저 언덕에서 가분수 코스모스가 가분수답게 머리만 덩그렇게 색색을 이루어놓는 저 불균형의 엉뚱한 아름다움 앞에서.

* 본고 중 일부분은 「楊平別章」(『문학과지성』, 1976년 발표) 개작임.

네 개의 편지
—楊平洞 7

베드로에게

밤이다. 나의 아버지가 밤이 무섭다고 내 무릎에 와 안긴다. 밤이 무섭다니! 나는 나의 아버지를 품에 안고 어리둥절하다. 어느 나라에 가도 아이들을 어른으로 키우는 밤은 어디에 가도 왕궁처럼 방이 많고 침대가 부드러운데——아, 나의 아버지는 시인이로구나, 부드러운 게 무섭다니!

나의 아버지가 시인, 백의민족의 선비 나라의 시인이라니. 그렇다면 나의 아버지도 대학 선생이 되려고 할 테지. 나는 새삼스럽게 나의 아버지를 쳐다본다. 나와 눈이 마주치자 아버지는 여자처럼 곱게 웃는다. 빌어먹을, 지옥에나 가버려라!

갑자기, 내가 밤이 무서워진다. 사방을 둘러본다. 책상과 걸상이 점잖게 앉아서 나를 본다. 책상 위에서 내 또래 아이들이 보는 소설책이, 한산도가, 돈표 성냥과 재떨이로 쓰는 접시가 오히려 나를 의아한 눈빛으로 본다. 벽에 걸린 달력이, 가리개가, 커튼이 웬일이냐고 한다. 아직 밤 10시도 되지 않았는데 사물들은 놓인 그 자리에서 완벽하게 보인다. 사물들이 완벽하게 보이다니! 이러다간 내가 나의 아버지를 팔겠구나.

유리창과 안개에게

먼 곳을 멀게 가까운 곳을 가깝게, 낡은 것을 낡은 것으로 보여주는 유리창아, 아침이다 인사를 하자. 그러나 보이는 것만 보여주고 보이지 않는 저쪽, 보이지 않으므로 더욱 보고 싶은 것은 하나도 보여주지 않는 그대, 그리하여 유리창도 결국 유리로 된 벽이다라는 사실을 볼 때마다 다시 깨닫게 해주는 순진한 유리창아. 밤새 안녕!

머리맡에 놓여 있는 조간도
근엄한 얼굴로 조간을 넘보는 벽도
담배도 성냥도 인사를 하자.
밤새 안녕.

오늘도 나는 너희들 앞에 정정당당하기를 나에게 빈다. 창밖에서 사물과 현장 앞에 커튼을 치고 내가 불투명하고 콤플렉스를 가지기를 바라는 안개, 그대도 이리 와 인사를 하자.

한국에게

겨울을, 처음에 나는 잔인하다고 생각했다.

겨울을, 그 다음 나는 잔인해야 한다고 믿었다.
겨울을, 잔인하지 않은 겨울을 나는 그래서 저주했다.
잔인한 것은 겨울이 아니라 겨울의 비전이고
잔인할 수밖에 없는 것은 겨울이 아니라 겨울의 길이고
눈이 오다가 바람이 불고 바람이 불다가 비가 오고
비가 오다가 눈이 오는 것은 겨울이 아니라 겨울의 하늘인 것을.

겨울의 절망은 입춘이 죽이고
겨울의 노래는 여자가 죽이고
그래도, 눈 위에 눈 내리고 눈 내린 위에 눈 내리는 것은
겨울이 아니라 얼수록 투명해지는 겨울의 환상인 것을,
미국도 영국도 스페인도 인도도 아닌 한국이라는 한 조그마한 나라의
 한 조그마한 거리, 양평에서
 내가 보고 있다.

왕자가 아닌 한 아이에게

볼펜을 발꾸락에 끼워놓고 세상을 본다.
이 엄숙할 수 없는 나의 문화 앞에서

볼펜을 낀 나의 발꾸락은 아프고
볼펜을 낀 나의 발꾸락은 외롭고
그 볼펜을 낀 나의 발꾸락 앞에서
나는 구속되나니
세상은 공평하여라.

볼펜을 발꾸락에 끼워놓고 나를 본다.
이 우스꽝스러운 나의 방법 앞에서
볼펜을 모르는 발꾸락의 우둔함을 위하여
볼펜을 모르는 발꾸락의 황당무계함을 위하여
그 볼펜을 낀 나의 발꾸락의 아픔을
내가 노래하나니
세상은 無事無事하여라.

콩밭에 콩심기

콩밭에 콩심기 언어밭에 언어심기,
그와 같은 방법으로 아픔밭에 아픔심기
감자밭에 감자심기.
태양이 뿌리를 내린다
하얀 뿌리를 내린다
物物은 하얀 뿌리에 매달려
뿌리에 뿌리밭 가꾸기

바보가 되기는 늦었다.
(제기랄 늦은 것은 늦은 것이다)
늦은 것은 늦은 것이지만, 늦지 않은
나머지가
이 들의 잎사귀를 흔든다
이 들의 귀를 흔든다.
들은 음험해서 말하지 않고
말하지 않는 것이 미덕인 시대를
증언한다.

바람이 분다, 바람이 生의 羊毛를
벗겨간다.
알몸을 드러내는 들

태양은 일찍 자리에 눕고 너는
이른 밤부터 밤밭에 밤심기,
되풀이해서 너는 너의 텃밭에 터심기
나는 나의 텃밭에 터심기.
떠들지 마라, 지금은 사랑의 밤이다.

우리의 사랑은 언제나 되풀이된다.
되풀이가 기교임을 안다고 해서
우리의 사랑이 진화하지 않는다고 해서
너나 나나 일이 끝난 건 아니다.
일이 끝난 것은 너와 내가 아닌
다른 사람인, 이것이 나의 밤이다 나의 기교이다.

슬픈 것은 이 기교 때문이다.
아니다
개봉동의 밤 기교 때문이다.
이 슬픔밭에 슬픔심기, 이 슬픔밭에
슬픔씨는 잘 자라서
나는 슬픔의 기교가 되지만
떠들지 마라, 이것이 나의 패배임을
너의 패배가 아닌 나의 패배임을

내가 왜 모르랴.

시인들
—金宗三에게

자원 전쟁 시대 유류 전쟁 시대 그러나 걱정 마라, 우회 전쟁 시대, 이 글은 패배 전쟁 시대의 시 얘기가 아니니 오해 마라. 시는 언제나 패배이니 승리는 오해 마라.

시인의 나라는 높은 산 골짜기에 있다.

시인의 나라는 잎이 바싹거려도 살이 바싹바싹 부서지는 골짜기에 있다. 골짜기에는

실속 없는 장난

애매모호한 대화

무능한 노랫소리가 구름이 되어 산허리를 졸라맨다. 그때마다 산의 키가 항상 구체적으로 자란다.

산속 골짜기에는 李箱이 병신들과 함께 누워 히히닥거린다. 늙은 여자 사이에서 릴케가, 동성 연애가 랭보가 낄낄낄 웃으며 보고 있다. 도망가는 여자 앞에 꽃을 뿌리는 병신 素月을 보며 萬海가 이별을 찬미하는(이별이 아름답다는 것은 흉한 거짓말이다!) 염불을 외운다.

시는 추상적이니 구상的은 오해 마라. 시인은 병신이니 안 병신은 오해 마라. 지금 한국은 산문이다. 정치도 산문 사회도 산문 시인도 산문이다. 산문적이기 위한 전쟁 시대, 시인들이 전쟁터로 끌려가는 모습이 보인다. 끌려가는 시인의 빛나는 제복, 끌려가지 못

하는 병신들만 남아 제복도 없이 아, 시를 쓴다.

겨울숲을 바라보며

겨울숲을 바라보며
완전히 벗어버린
이 스산한 그러나 느닷없이 죄를 얻어
우리를 아름답게 하는 겨울의
한순간을 들판에서 만난다.

누구나 함부로 벗어버릴 수 있는 것은 아니다.
더욱 누구나 함부로 완전히
벗어버릴 수 없는
이 처참한 선택을

겨울숲을 바라보며, 벗어버린 나무들을 보며, 나는
이곳에서 인간이기 때문에
한 벌의 죄를 더 얻는다.

한 벌의 죄를 더 겹쳐 입고
겨울의 들판에 선 나는
종일 죄, 죄, 죄 하며 내리는
눈보라 속에 놓인다.

冬夜

용서하라, 아직 덜 얼은 저 뜰의
허리와 저 뜰의 입술.
용서하라, 담 너머로
다리를 내밀다가 동사한 가을의 잔해.
그리고 다시 용서하라
덜 얼은 내 입이 얼 때까지
가지 않고 머무는 겨울을.

얼지 않은 겨울은 비참하다. 이 비참하고
긴 겨울의 삼강오륜과
冬夜를 사랑하는 밤 불빛과
불빛을 따라가서 자주 외박하고 오는
나와
빌어먹을 시를 쓰는 나를

너는 용서하라
너는 패배하라
나에게 패배하라.

頌歌

새해에는 현실 도피하게 하소서.
현실을 도피하여
현실 도피의 오묘함과 오묘함의 삶을
내가 만나게 하소서.

사전을 찾아보니 협상은 협의를 보라고 하고, 협의를 보니 '화의로 의논함'이라고 한다만, 그렇다면 화의와 의논과의 그 먼 의미의 친족 관계는 어디에서 찾아보나. 협상에서 협의로, 그리고 화의와 의논으로 드디어 그 촌수를 드러내는 이 모호하지만 끈끈한 목적상관의 족보를 아직도 우리는 믿고 있지만, 사촌이 논을 사도 배가 아픈데 그래 믿으라, 그 속담의 재미로 웃고 나머지는 속담이라는 명사로만 믿으라.

이상하게도 요즘은 재미를
믿지 않는다.
남이 오입한 재미도 믿지 않고
남이 돈을 번 재미도 믿지 않고
남이 쓴 소설의 재미도 믿지 않고
재미는 이야기가 아니라
진실이라고 해도
재미가 혼자 장구 치고 북 치고 다닌다.

(이것이 요즘의 통설이다)

한 구도주의자의 고백

내 사랑하는 여자도 세상의
다른 여자처럼 두 개의 탐스러운 유방과
때가 잘 끼는
한 개의 배꼽을 가졌지요.

내 사랑이 때가 잘 끼는 배꼽임을
시인하듯
나도 당신의 자유, 당신의 평등, 당신의 꿈, 당신의 主義의 그 때가 잘 끼는 배꼽임을 시인하마.

늘 시인하기만 하고
늘 패배하기만 하고
그리고 사랑밖에 모르는
그래서 사랑의 방법만 생각하는

내 사랑이 가엾거든 신이여
손톱 밑의 때라도 씻으며
이 세상을 잊으십쇼.

사랑의 기교 1
―K에게

너를 사랑하기 위하여 나는 너의
집으로 가는 버스에게 당신을 사랑해 하며
아양을 떨고, 너를 사랑하기 위하여
그 버스가 다니는 길과 버스 속의 구린내와
길이 오른쪽으로 굽을 때 너의 허리춤에서
무엇인가를 훔치는 한 사내의 부도덕에게
사랑의 법을 묻는다.

너를 사랑하기 위하여 오늘은 소주를
마시고
취하는 법을 소주에게 묻는다.
어리석은 방법이지만 그러나
취해야만 법에 통한다는 사실과
취하는 법이 기교라는 사실과
기교가 법이라는 사실을 나는
미안하게도 술집 여자의 무릎을 베고 누워
취해서 깨닫는다.

내가 사는 법과 내가 사랑하는 법을
낡아빠진 술상에 젓가락으로 두드리며
깨닫는다.

젓가락은 둘이라서
장단이 맞지만, 그렇지만
너를 사랑하는 법은 하나뿐이라 두드려도,
두드려도 장단은 엉망이다.

강 건너 마을에는 後庭花 노랫가락이
높고
밤에도 너의 집으로 가는 버스는
좌석 밑의 구린내와 지린내를 사랑하고
商女는 망국한을 몰라
노랫소리가 갈수록 유창해진다.*

나는 이곳의 기교파로 울면서, 이 울음으로
몇 푼의 동냥이라도 얻어
너의 집으로 가는 버스를 타기 위하여
여기 이렇게 울면서 젓가락을 두드리며.

  * 商女不知亡國恨 隔江猶唱後庭花—杜牧.

사랑의 기교 2
―라포르그에게

사랑이 기교라는 사실을 깨닫기까지 나는
사랑이란 이 멍청한 명사에
기를 썼다. 그리고
이 동어 반복이 이 시대의 후렴이라는 사실을
알았을 때까지도 나는
이 멍청한 후렴에 매달렸다.

나뭇잎 나무에 매달리듯 당나귀
고삐에 매달리듯
매달린 건 나지만, 결과는
비참했다 사랑도 꿈도.

그러나 즐거워하라.
이 동어 반복이 이 시대의 유행가라는
사실은 이 시대의
기교가 하느님임을 말하고, 이 시대의
아들딸이 아직도 인간임을 말한다.
이 시대에 가장 아름다운 기교, 나의 하느님인 기교여.

사랑의 기교 3
─原民에게

미꾸라지, 쇠똥, 풀, 개, 돼지 새끼, 이런 이름과
플레이보이, 여자, 사랑, 자유, 미친놈, 이런 이름과
이름과 이름 사이로 내리는 장마철의
그 구질구질한 비의 끈기 밑에서 나는
잡놈의 시리즈를 완성하기 위하여
이름과 이름 사이의 차고 슬픈 밤비의 이불 밑에서
사랑과 만난다, 반복해서.
방에서, 중섭의 황소, 그 황소의 울음소리가
의자와 밥그릇과 나의 싸구려 스탠드의
불빛까지 깨우는 밤과 만나, 그 밤과 만나
나는
잡놈의 웃음을 완성하기 위하여
플레이보이를 읽는다, 소리내어.

말하지 않는 게 무슨 자랑인 양 쇠똥도 바람도 미꾸라지도
냄비도 냄비의 뚜껑도 말하지 않고
말하지 않고 돼지 새끼도 말을 씹고
말하지 않고 바람과 풀은 말을 흔들고
말하지 않고 냄비는 냄비 속에 눕히고,
시의 비폭력주의와 기교주의의 사랑이
이 집 대문을 두드리다 대문만 구경하고 다른 집으로 가야 하는

월부 책장수의 얼굴을 한
아프지 않게 기술적으로 포기하는 법을 익히고 마는 것들의
이름과 이름 사이로 쓸쓸히 걸어가는, 그 사랑의
처마 밑에서 '사랑해요, 당신만을 사랑해요'라고 사랑을 나는 고백한다, 계속해서.

꿈에 물먹이기

꿈에 물먹이기 언어에 물먹이기
풀이 풀의 몸에게 저주받듯
시인이 시에게 저주받듯
저주 주고받기 열심히
인간에 물먹이기

생각건대 오이디푸스 王은
눈이 하나 더 많았다.
이건 신화가 아니므로
풀은 귀가 하나 더 많고
저주는 꿈이 하나 더 빛나지요.

말씀하세요, 커피를 드릴까요 나를 드릴까요? 그것도 싫으면 왕을 드릴까요? 이 침묵의 시대, 이 침묵의 말 시대, 이 침묵의 상징 시대, 동사가 없는 시대, 말씀을 하세요 물먹이기 시대.

오, 그런데 선생, 아이들은 길을 웃으며 가고
시간이 재각재각 건널목을 건너가네요.

  * 생각건대 오이디푸스 왕은 눈이 하나 더 많았다 ─횔덜린.

눈물나는 잠꼬대 1

잎 보면 잎 생각
코 보면 코 생각
님 보면 님 생각
잎은 무슨 생각을 하나요
코는 무슨 생각을 하나요
콧구멍은 또 무슨 생각을 하나요

(풀잎은 하루 종일 바람에
귀를 갈고
이제 이곳에 머물며 나는
내 사랑하는 못난 한 여자가
콧구멍이나 후비며 사는 것을 사랑하기 위하여
사랑법에 늘 귀를 씻고)

살기 편한 세상, 태양 하나 눈부신
세상, 심심한 사람은
자 생각이나 따라가볼까요.

창, 창밖에 늘 떠 있는 세상(바람이 불면 기우뚱거리는 거리), 기우뚱거려도 넘어지지 않고 줄기차게 다니는 사람들, 그 사람들이 잘 보이지 않는 곳의 쓰레기통(쓰레기통의 가정은 안녕한지 잠시

들러 기도하고), 쓰레기통 옆의 키만 큰 가로수, 가로수를 붙들고 서서 하늘의 구름을 따라다니는 아저씨, 아저씨는 약속이 없으시군요, 약속이 없으면 몸으로 만나세요, 몸으로 안 되면 몸으로 죽이세요, 그렇지요.

   심심한 이 세상에도 햇빛은 떨어지고
   생각해보면 꿈도
   많이 날씬해졌지요.

눈물나는 잠꼬대 2

강물이 발자국 소리를 죽이면
(발자국 소리를 죽이고 접근한 죄로
접근죄를 짓게 된다 하더라도
소리를 죽이면)
강은 가만히 말을 할까요.

강물이 흐르다 멈추면
(멈춘 죄로
정지죄를 짓게 된다 하더라도
멈추면)
멈춘 자리가 남아
강의 말씀이 함께 남을까요.

(시가에는 햇빛이, 햇빛의 군화 소리가
홀수 영혼의 침대 위로 저벅저벅 행진해간다 하더라도
하늘에는 구름이〔당연한 얘기지만〕, 구름의 백가면 속의 눈이
한 마리의 종달새를 날린다고 해도
하늘에는 구름이〔당연한 얘기지만〕, 하늘의 뜰 속으로
마지막엔 수직으로 들어가는 모습을
누가 훔쳐본다 하더라도 하늘에는 구름이`—)
강물이 옷을 벗고

강에서 나온다면, 가령
미친 척하고 강물이
강에서 나온다면
강물의 말씀은 모래알 속에 집을 짓고
그곳에 영원히 살까요.

개봉동의 비

천우사 약방 앞길
여자 배추장수 돈주머니로 찾아드는 비
땅콩장수 여자 젖가슴으로 찾아드는 비
사과장수 남자 가랑이로 찾아드는 비
그러나 슬래브 지붕 밑의 시간은 못 적시고
슬래브 지붕 페인트만 적시는 비
서울특별시 開峰洞으로 편입되지 못한
경기도 시흥군 서면 光明里의 실룩거리는 입술 언저리에 붙어 있는
잡풀의 몸 몇 개만 버려놓는 비

한 잎의 女子

나는 한 女子를 사랑했네. 물푸레나무 한 잎같이 쬐그만 女子, 그 한 잎의 女子를 사랑했네. 물푸레나무 그 한 잎의 솜털, 그 한 잎의 맑음, 그 한 잎의 영혼, 그 한 잎의 눈, 그리고 바람이 불면 보일 듯 보일 듯한 그 한 잎의 순결과 자유를 사랑했네.

정말로 나는 한 女子를 사랑했네. 女子만을 가진 女子, 女子 아닌 것은 아무것도 안 가진 女子, 女子 아니면 아무것도 아닌 女子, 눈물 같은 女子, 슬픔 같은 女子, 病身 같은 女子, 詩集 같은 女子, 그러나 누구나 영원히 가질 수 없는 女子, 그래서 불행한 女子.

그러나 영원히 나 혼자 가지는 女子, 물푸레나무 그림자 같은 슬픈 女子.

不在를 사랑하는 우리집
아저씨의 이야기

빨래가 빨랫줄에서 마를 동안 빨래가 이름을
비워둔 사실을 아시나요?
코스모스가 언덕에서 필 동안 코스모스의 육신이 서 있는
위치를 혹시 아시나요?
우리의 확신이 거울 앞에서 빠져나간 뒤 어디에서
옷을 벗고 누웠는지 아시나요?
그리고
不在를 사랑하는 우리집 아저씨의 현실이
어디에 있는지 모르시나요?

앞집 아저씨의 말은 언제나 분명하고
너무 분명하기 때문에
너무 분명한 것의 두려운 오류 때문에
나는 믿지를 못하고 우리집 사람들도
모두 믿지를 못하고
저 많은 나라의 외투를 벗기려 펄럭이는 한 자락 바람을
차라리 아끼는 우리집
뜰의 풀잎들은 제각기 흩어져
(풀잎 위의 이슬도 제각기 흩어져 흔들리며)
고독하게 귀가 마릅니다.
은하수를 아시나요?

빨래가 이름을 비워둔 그 不在는 방법입니다.
코스모스가 서 있는 그 위치는 이상입니다.
옷 벗은 확신은 참회입니다.
그리고
不在를 사랑하는 우리집 아저씨의 현실은 꿈의 대문 안쪽입니다.

이 땅에 씌어지는 抒情詩

1981

상사뒤야 1

바람은 늘 길로 다닌다
바람이 가고 난 뒤에
―얼럴럴 상사뒤야

비로소 우리가 길이었구나
하는 그 길로
―얼럴럴 상사뒤야

안 흔들리려고 하면
흔들린다
―얼럴럴 상사뒤야

안 흔들리려고 하지 않으면
그때라야 안 흔들린다
―얼럴럴 내기럴꺼

상사뒤야 2

풀잎이 바람에
귀를 갈며
—얼럴럴 상사뒤야

그렇게 산 시대가
있긴 있었지
—얼럴럴 상사뒤야

그러나 지금은 귀로
귀를 갈며 산다
—얼럴럴 내기럴꺼

그거야, 물론 그렇지
머물고 싶어
—얼럴럴 상사뒤야

그 자리에 머무는
사람도 있지
—얼럴럴 상사뒤야

머물고 싶지 않은 사람도

그 자리에 머문다
―얼럴럴 상사뒤야

다시 머물고 싶지 않은
머묾의 축제
―얼럴럴 내기럴꺼

머물며 귀를 갈며
머물며 떠나는 법도 법은 법이지
―얼럴럴 네미랄꺼

이 시대의 죽음 또는 우화

죽음은 버스를 타러 가다가
걷기가 귀찮아서 택시를 탔다

나는 할 일이 많아
죽음은 쉽게
택시를 탄 이유를 찾았다

죽음은 일을 하다가 일보다
우선 한잔하기로 했다

생각해보기 전에 우선 한잔하고
한잔하다가 취하면
내일 생각해보기로 했다

내가 무슨 충신이라고
죽음은 쉽게
내일 생각해보기로 한 이유를 찾았다

술을 한잔하다가 죽음은
내일 생각해보기로 한 것도
귀찮아서

내일 생각해보기로 한 생각도
그만두기로 했다

술이 약간 된 죽음은
집에 와서 TV를 켜놓고
내일은 주말 여행을 가야겠다고 생각했다

건강이 제일이지—
죽음은 자기 말에 긍정의 뜻으로
고개를 두어 번 끄덕이고는
그래, 신문에도 그렇게 났었지
하고 중얼거렸다

門

어느 집에나 문이 있다
우리집의 문 또한 그렇지만
어느 집의 문이나
문이 크다고 해서 반드시
잘 열리고 닫힌다는 보장이 없듯

문은 열려 있다고 해서
언제나 열려 있지 않고
닫혀 있다고 해서
언제나 닫혀 있지 않다

어느 집에나 문이 있다
어느 집의 문이나 그러나
문이라고 해서 모두 닫히고 열리리라는
확증이 없듯

문이라고 해서 반드시
열리기도 하고 또 닫히기도 하지 않고
또 두드린다고 해서 열리지 않는다

어느 집에나 문이 있다

어느 집이나 문은
담이나 벽을 뚫고 들어가
담이나 벽과는 다른 모양으로
자리 잡는다

담이나 벽을 뚫고 들어가
담이나 벽과 다른 모양으로
자리 잡기는 잡았지만
담이나 벽이 되지 말라는 법이나
담이나 벽보다 더 든든한
문이 되지 말라는 법은 없다

골목에서

아이들이 골목에서 놀고 있다
나와 골목은 늘 골목 여기에서부터 길을 보고
아이들은 아무것도 바라보지 않고 놀고 있다
아무것도 바라보지 않는 저 눈이야말로
피곤해서 피곤해서 곧 눈을 뜰
가장 불길한, 가장 불길한 눈이다

아이들은 나 같은 구닥다리에게는 아무 관심도 없이
땅뺏기를 하고 줄넘기를 하고 그러면서도
하늘은 결코 바라보지 않고 열심으로 놀고 있다
바라보는 것이 내 일이라면 그들은
나를 바라보지 않는 것이 자기들의 일인 양
흙 속에서 뒹굴고 있다
마치 적군을 앞에 두고 내일의 공격을 위장하는
전선의 하루같이 놀고 있다

나의 아버지와 나의 아버지의 아버지가
나의 적이듯 마땅히 나는 그들의 적이다
골목은 내일을 예감하든 못 하든 마찬가지로 고요하고
시간이 시간을 안다는 것은 터무니없는
보수주의자들의 낙관론이다

시간은 시간을 생각하는 사람만의,
예감을 아는 사람만의 무게이다

가만히 바라보면 아이들은 모두
손에 보이지 않는 무엇을 하나 숨기고 있다
보이지 않는 것이 차갑게 빛나 마치
하늘의 별빛 같다 자세히 보면 별빛 같은 게 아니라 죽음 같다

아이들이 놀고 있다 골목에서
바로 내 코앞에서 놀고 있다
저 끝이 없을 것 같은 아이들의 놀이,
저것이야말로 언젠가는 끝이 날
가장 불길한, 불길한 놀이이다

어둠은 자세히 봐도 역시 어둡다

1

어둠이 내 코 앞, 내 귀 앞, 내 눈 앞에 있다.
어둠은 역시 자세히 봐도 어둡다
라고 말하면 사람들은 말장난이라고 나를 욕한다.
그러나 어둠은 자세히 봐도 역시 어둡다.

어둠을 자세히 보면 어둠의 코도 역시 어둡고
눈도 귀도 어둡다.
어둠을 자세히 보는 방법은 스스로 어둠이 되는 길이라고 하기도 하고
어둠을 자세히 보는 방법은 거리를 두는 길이라고 하기도 하지만
어둠을 자세히 보는 방법은 뭐니 뭐니 해도
어둠이 어두운 게 아니라
어두운 게 어둠이라는 사실이다.

2

어두운 게 어둠이므로 어두운 날 본 모든 것은 어둠이다.
어두운 게 어둠이므로 어두운 날 본 꽃도 사랑도 청춘도 어둠이고

어두운 게 어둠이므로 어두운 날 본 태양도 어둠이다.
그러니까 어두운 것으로 뭉친 어둠은 어둡지 않은 날 봐도 역시
어둡다.

3

어둠이 어두운 것이라면, 만약 어둠이 어두운 것이라면,
그러므로 결국 어둠 외에는 어두운 게 아니다
라는 확신을 가져도 좋다고 친절히 내가 말해도
사람들은 나더러 말장난한다고 말한다.

우리집의 그 무엇엔가

우리집의 그 무엇엔가에
우리집의 그 어딘가에 분명히
그것이 있기는 있다.
작은놈의 여린 숨통을 막는 이유가
집 안, 집 밖, 어디에 있는지
분명히 있기는 어딘가에 있다.

작은놈의 기관지 협착증은, 유전병이 아닌
작은놈의 숨통을 막는 기관지 협착증은
우리집의 그 누구도 이유를 모른다.
담당 의사까지도 헛짚기만 한다.

식구들이 모두 잠든 어둠 속에서
막힌 숨통이 녀석을 깨우면
녀석의 눈은 고양이모양 은밀하게 번쩍인다.
소리도 없이 거실에 나타나서는
이곳저곳에 놓아둔 기관지 확장제를 찾아 먹는다.

그때마다 나는 잠을 깨고
그때마다 내가 할 수 있는 일은
함께 깨어 서성거리는 것뿐.

이런 나를 보고 녀석은 어른이 된다.
나의 아들이 나의 아버지가 되어
가서 자라고 나를 타이른다.

죽음이란 별게 아니다.
분명히 이렇게 있음을 알면서도
이렇게 헛짚기만 하는 일.
숨통이 막히어 손톱이 드디어 파래지면
아홉 살짜리도 죽음이 보이는지
목소리가, 목소리가
낮게 낮게 가라앉는다.

밝힐 수 없다고 해서 그것이
사실이 아니라고 말할 수 없듯
어딘가에 무엇인가에 그것이 있는지 모른다고 해서
우리집에 그것이 없다고 할 수 없듯

이번에는 아홉 살짜리가 아니라
그것이, 보이지 않는 그것이
내 앞에 죽음을 앉힌다.

바람은 바람의 마음으로
―발레리에게

바람이 분다, 살아봐야겠다`―`고 한 당신의 말 그대로
바람이, 바람이 분다.

허나 인간인 당신에게는 인간인 다른 사람들에게 한 말과 마찬가지로밖에 할 수 없음을 용서하시라.

바람이 분다. 보라, 그러나 바람은 인간의 마음으로 불지 않고
미안하지만 바람의 마음으로 바람이 분다.

두 風景의 두 가지 이야기

1

동쪽 창문이 풍경을 하나 가지고 있다
서쪽 창문도 풍경을 하나 가지고 있다
창문에게는 창문끼리 서로
풍경을 바꾸지 않는 버릇이 있다
위태롭다, 위태롭다—고 내가 말해도
창문에게는 풍경을 서로 바꾸지 않는 묘한 버릇이 있다

저 우스꽝스러운 창문
저 우스꽝스러운 고집
창문은 사람들이 그 속에 있거나 없거나
놀랍게도 아무 상관 없는 표정이다

2

풍경을 아름답다고 하기 위해서는
풍경을 알거나 모르거나 간에 끝까지
풍경처럼 멀리 떨어져보아야만 한다
가까이 가보라, 가까이 가면 풍경은

풍경이 아니라 다른 존재가 된다
풍경 속에 들어가보라, 풍경 속에서는
풍경은 사라지고 사물이 나타난다.

풍경을 아름답다고 하기 위해서는 끝까지
풍경이 풍경 아닌 것을 숨겨야 풍경인데
이것을 아는 풍경이 없다는 점이 아무래도 이상하지만 사실이다
이것을 아는 풍경이 없다는 점이 정말 우습지만 풍경의 생명이다

풍경도 잠을 깰까, 하는 것은
꿈 많은 우리들의 희망이고
풍경도 사랑을 할까, 하는 것은
마음이 헤픈 우리들의 사랑이고
풍경도 절망을 알까, 하는 것은
즐거워라, 빌어먹을
절망하고 있는 우리들의 절망이다.

빈약한 상상력 속에서

1

어제 나는 술을 마셨고
마신 뒤에는 취해서 유행가
몇 가닥을 뽑았고, 어제
나는 술을 마셨고 그래서
세상이 형편없어 보였고, 또
세상이 형편없었으므로 안심하고
네 다리를 쭉 뻗고 잤다.

어제 나는 다른 때와 다름없이 정오에 출근했고
출근하면서 버스를 타고 옆에 앉은
여자의 얼굴을 한 번 훔쳐보았고,
이 여자 또한 다른 여자와 마찬가지로
한 남자의 사랑을 받으리라는 점을
한 남자의 사랑을 받으면
이 여자의 눈에도 별이 뜨리라는 점을 확신했다.

나는 어제 버스가 쉽게 달리는 것을 느꼈고
쉽게 달리는 버스 때문에 이 시대의 우리들이 얼마나 무능한가를 느꼈고,

쉽게 달리는 버스 속에서 보아도
거리에 선 우리들의 상상력은 빈약해 보였고
그 옆에 선 아이들조차
다시 태어나리라는 상상력을 방해했고,
나는 다시 태어나기 위해
버스가 고장이 나기를 희망했다.
버스가 탈선되기를, 탈선의 장치의
거리가 준비되기를,
허락받은 사람들은 허락받은 냄새와 지랄의 아름다움을 위해
셋방이라도 하나 얻기를 희망했다.

이 모든 것을 사랑의 이름으로 나는 갈구했고, 그리고
사랑의 말에는 모두 구린내가 나기를 희망했다.
냄새가 나지 않는 사랑이란
맹물이라는 점을
우리는 너무 완벽하게 잊어버려서
이제는 떠올리기조차 너무나 먼
이제는 그 사실을 떠올리려면
셋방을 얻어주는 그 방법밖에 더 있겠느냐고
나에게 질문하며.

2

어제 나는 술을 마셨고
술과 함께 오기도 좀, 개뿔도 좀, 흰소리도 좀, 십 원짜리도 좀 마셨고
그러나 오늘 새벽 잠이 깨었을 때는
오기도 개뿔도 다 어디로 가고
후줄근히 젖은 시간이 구겨져 있었다.
구겨진 새벽의 창문과 뜰과
이웃집 지붕 위로
그만그만한 어제의 오늘 하루가 내복 바람으로 나를 보았고,
나는 일어나 있었고,
찬물을 한 사발 마신 후
오늘 하루 그것의 사랑에 박힌
티눈의 정체에게 안부를 나는 물었다.
카세트에 녹음된 금강경의 독경을
한 번 듣고, 뒤집어서
반야경을 한 번 듣고.

오늘 나는 오늘의 어제처럼 출근했고
출근하자마자 커피를 한 잔 마셨고

전화 두 통화를 받았고
전화 한 통화를 걸었다.
담배를 피워물고 새삼 어제
집에 무사히 도착한 일을 신기해하며
아직도 서정시가 이 땅에 씌어지는 일을 신기해하며
아직도 사랑의 말에 냄새가 나면
사랑이 아니라고 하는
맹물 사랑의 신도들을 신기해하며.

3

내일 나는 출근을 할 것이고
살 것이고
사는 일이 사랑하는 일이므로
내일 나는 사랑할 것이고,
친구가 오면 술을 마시고
주소도 알려주지 않는 우리의 희망에게
계속 편지를 쓸 것이다.

손님이 오면 차를 마실 것이고

죄 없는 책을 들었다 놓았다 할 것이고
밥을 먹을 것이고
밥을 먹은 일만큼 배부른 일을
궁리할 것이고,
맥주값이 없으면 소주를 마실 것이고
맥주를 먹으면 자주 화장실에 갈 것이고
그리고 이 모든 것을
사랑하며 만질 것이다.

보이지 않는 미래에게 전화도 몇 통 할 것이고,
전화가 불통이면
편지 쓰는 일을 사랑할 것이다.

그리고 그곳에는

그리고 그곳에는 아직도 시집이 나오고

그리고 그곳에는 아직도 유행가가 불려지고

그리고 그곳에는 아직도 엿장수가 있고

말도 마라 그리고 그곳에는 아직도 밤낮이 있고

그들이 빛나지 않으므로

빛나지 않는 사람들이 살고 있다.
여기, 저기, 집에, 거리에
노래 속에. 꿈속에.
그들이 빛나지 않으므로
그들의 발이라도 빛났으면 하지만
그들의 발도 빛나지 않는다.
그들이 빛나지 않으므로
그들의 눈, 코, 귀, 입이라도 빛났으면 하지만
그들의 눈, 코, 귀, 입도
빛나지 않는

그들, 그들이라고 내가 부르면서
아무리 쳐다보아도
그들의 눈, 코, 귀, 입과
나의 눈, 코, 귀, 입이 닮았다.
닮았다고 내가 느끼는 순간
그들이 빛나지 않으므로
내가 그 옆에서 빛났으면 하지만
미안하게 나도 빛나지 않는다
빛나지 않음의 이름으로.

「꽃」의 패러디

내가 그의 이름을 불러주기 전에는
그는 다만
왜곡될 순간을 기다리는 기다림
그것에 지나지 않았다.

내가 그의 이름을 불렀을 때
그는 곧 나에게로 와서
내가 부른 이름대로 모습을 바꾸었다.

내가 그의 이름을 불렀을 때
그는 곧 나에게로 와서
풀, 꽃, 시멘트, 길, 담배꽁초, 아스피린, 아달린이 아닌
금잔화, 작약, 포인세티아, 개밥풀, 인동, 황국 등등의
보통명사나 수명사가 아닌
의미의 틀을 만들었다.

우리들은 모두
명명하고 싶어했다.
너는 나에게 나는 너에게.

그리고 그는

그대로 의미의 틀이 완성되면
다시 다른 모습이 될 그 순간
그리고 기다림 그것이 되었다.

빈자리가 필요하다

빈자리도 빈자리가 드나들
빈자리가 필요하다
질서도 문화도
질서와 문화가 드나들 질서와 문화의
빈자리가 필요하다

지식도 지식이 드나들 지식의
빈자리가 필요하고
나도 내가 드나들 나의
빈자리가 필요하다

친구들이여
내가 드나들 자리가 없으면
나의 어리석음이라도 드나들
빈자리가 어디 한구석 필요하다

우리 시대의 純粹詩

1

밤사이, 그래 대문들도 안녕하구나
도로도, 도로를 달리는 차들도
차의 바퀴도, 차 안의 의자도
光化門도 덕수궁도 안녕하구나

어째서 그러나 안녕한 것이 이토록 나의 눈에는 생소하냐
어째서 안녕한 것이 이다지도 나의 눈에는 우스꽝스런 풍경이냐
文化史的으로 본다면 안녕과 안녕 사이로 흐르는
저것은 保守主義의 징그러운 미소인데

안녕한 벽, 안녕한 뜰, 안녕한 문짝
그것말고도 안녕한 창문, 안녕한 창문 사이로 언뜻 보여주고 가는 안녕한 性戲……
어째서 이토록 다들 안녕한 것이 나에게는 생소하냐

2

진리란, 하고 누가 점잖게 말한다

믿음이란, 하고 또 누가 점잖게 말한다
진리가, 믿음이 그렇게 점잖게 말해질 수 있다면
아, 나는 하품을 하겠다
世上엔 어차피 별일 없을 테니까

16세기나 17세기 또는 그런 세기에 내가 살았다면
나는 그 말에 얼마나 감동했을 것인가

淸進洞도, 그래 밤사이 안녕하구나
안녕한 건 안녕하지만 아무래도 이 안녕은 냄새가 이상하고
나는 나의 옷이 무겁다 나는
나의 옷에 묻은 먼지까지 무게를 느낀다
점잖게 말하는 점잖은 사람의
입속의 냄새와
아침마다 하는 양치질의 무게와 양치질한
치약의 양의 무게까지 무게를 느낀다.

이 무게는 안녕의 무게이다 그리고
이 무게는 안녕이 독점한 시간의 무게
미래가 이 地上에 있었다면 미래 또한
어느 친구가 독점했을 것을

이 무게는 미래가 이 地上에 없음을 말하는 무게
그러니까 이건 괜찮은 일`—
어차피 이곳에 없으니 내가 또는
당신이 미래인들 모두 모순이 아니다

그대 잠깐 발을 멈추고, 그대 잠깐
사전을 찾아보라 保守主義란
현상을 그대로 보전하여 지키려는 主義
그대 잠깐 발을 멈추고, 그대 잠깐
사전을 찾아보라 아침의 무덤이 무슨 말 속에 누워 있는지

말이 되든 안 되든 노래가 되든
안 되든 중요한 것은 진리라든지 믿음이라는
말의 옷을 벗기는 일
벗긴 옷까지 다시 벗기는 일
나는 나의 믿음이 무겁다
정말이다 우리는 아직도 敗北를 승리로 굳게 읽는 방법을
믿음이라 부른다 왜 敗北를
敗北로 읽으면 안 되는지 누가
나에게 이야기 좀 해주었으면
그 믿음으로 위로를 받으려고 하는 사람들이여,

나에게 화를 내시라
불쌍한 내가 혹 당신을 위로하게 될 터이니까

3

어둠 속에 오래 사니 어둠이 어둠으로 어둠을 밝히네. 바보, 그게 아침인 줄 모르고. 바보, 그게 저녁인 줄 모르고.

진리는 진리에게 보내고
믿음은 믿음에게 안녕은
안녕에게 보내고 내가 여기 서 있다

약속이라든지 또는 기다림이라든지 하는 그런 이름으로
여기 이곳의 주민인 우편함을 들여다보면
언제나 비어서 안이 가득하다
보내준다고 약속한 사람의 약속은
오랫동안, 단지 오랫동안 기다림의 이름으로 그곳에 가득하고

보내고 안 보내는 건 그 사람의 자유니까
남은 것은 우편함 또는 기다림과 나의 기다림

또는 기다리지 않음의 자유
거리에는 바람이 바람을 떠나 불고
자세히 보면 나를 떠난 나도 그곳에 서 있다
유럽의 純粹詩란 생각건대 말라르메나
발레리라기보다 프랑스의 행복 手帖
말라르메는 말라르메에게 보내고 나는 淸進洞에 서서

발레리는 발레리에게 보내고
나는 淸進洞에 서서
우리나라에게 純粹詩, 純粹詩 하고
환장하는 이 시대의 한 거리에 내가 서서

4

비가 온다. 오는 비는 와도
오는 도중에 오기를 포기한 비도
비의 이름으로 함께 온다.
비가 온다. 오는 비는 와도
淸進洞도, 淸進洞의 해장국집도 안녕하고
서울도 안녕하다.

안녕을 그리워하는 안녕과 안녕을 그리워했던 안녕과 영원히 안녕을 그리워할 안녕과, 그리고 다시 안녕을 그리워하는 안녕과 안녕을 다시 그리워할 안녕이 가득 찬 거리는 안녕 때문에 붐빈다. 그렇지, 나도 인사를 해야지. 안녕이여, 안녕 保守主義여 현상유지주의여, 밤사이 안녕, 안녕.

여관에서 자고 해장국집 의자에 기대앉아
이제 막 아침을 끝낸
이 노골적으로 안녕한 안녕의 무게가
비가 오니 비를 떠나 모두 저희들끼리 젖는데
나는 나와 함께 아니 젖고
안녕의 무게와 함께 젖는구나.
그래, 인사를 하자. 안녕이여
안녕, 빌어먹을 보수주의여, 안녕.

마음이 가난한 者

성경에 가라사대 마음이 가난한 者에게 福이 있다 하였으니

2백억을 축재한 사람보다 1백 9십 9억을 축재한 사람은 그만큼 마음이 가난하였으므로
天國은 그의 것이요

1백 9십 9억 원 축재한 사람보다 1백 9십 8억을 축재한 사람 또한 그만큼 더 마음이 가난하였으므로
天國은 그의 것이요

그보다 훨씬 적은 20억 원이니 30억 원이니 하는 규모로 축재한 사람은 다른 사람과는 비교가 안 될 만큼 마음이 가난하였으므로
天國은 얻어놓은 堂上이라

돈 이야기로 詩라고 써놓고 있는 나는 어느 시대의 누구보다도 궁상맞은 시인이므로
天國은 얻어놓은 堂上이라

구명

1

 뚫린 구멍마다 뚫린 구멍이 있습니다.
 구멍은 뚫린 곳에서부터 시작됩니다.
 구멍 속은 구멍이 구멍을 비워놓고 없어 깜깜하기도 하고 구멍이 구멍을 들여다보느라고 들고 있는 거울에 하늘이 좀 들어와 있기도 합니다.

 뚫린 구멍마다 마개가 있을 것 같아 찾아보면 모두 마개를 가지고 있습니다.
 제일 잘 만들어진 마개를 가진 것은 마개를 버리고 온몸으로 마개가 되어 있는 구멍입니다.
 그 구멍은 구멍이 스스로 꽉 차 있습니다.

2

 뚫린 구멍마다 뚫린 구멍이 있습니다.
 구멍은 뚫린 곳에서부터 시작됩니다.
 사랑은 언제나 끝이 아니라 시작이므로 시작의 시작과 시작의 가운데와 시작의 끝이므로 사랑도 뚫린 곳에서부터 시작됩니다.
뚫린 구멍은 그러므로 뚫린 구멍의 끝이 아닙니다.

시작이니 끝이니 하고 내가 주워넘기고 있지만 시작도 끝도 사실은 다 뚫린 구멍이 스스로 마개가 되어 있는 스스로 텅 비워놓은 구멍입니다.
그러나 나는 존경하옵는 인간이 만든 말 가운데 가장 감동적인 이 '끝'이 어떻게 있는지 잘 지내는지 한번 만나보기 위해 뚫린 구멍의 존재와 뚫린 구멍을 사랑합니다.
아시겠지만
내가 사랑하므로 뚫린 구멍은 뚫려 있습니다.

다섯 개의 寓話 · 1

거울

누가 거울을 하이타이로 깨끗이 빨아버렸나 봅니다.

거울 속에 들어가 어디 사람이 없나 하고 '야호' 하고 소리를 지르니까 거울 속의 누가 내 소리도 하이타이로 빨아버립니다.

그래도 다시 '야호' '야호' 하니까 이번에는 하이타이로 빨아버린 소리를 보란 듯이 빨랫줄에 척척 걸어놓습니다.

거울 속은 닭 한 마리 울지 않는 대낮입니다. 거울 속에 들어간 내 얼굴도 하얀 빨래로 걸려 있습니다.

누가 내 얼굴을 혹시 빨래 뒤에 두었는가 싶어 뒤져보아도 없습니다.

나는 크레파스를 집어들고 눈, 코, 귀, 입, 이렇게 차례로 내 얼굴을 다시 그립니다. 얼굴 뒤에다 우리 동네의 집도 몇 채 그립니다.

내가 그린 얼굴은 그러나 눈은 이마에, 코는 턱에, 입은 이웃집 지붕에 그려집니다. 내 안에서 누가 붓끝을 잡고 장난하는 까닭입니다.

내가 웃으니까 이웃집 지붕에 붙어 있는 입이 웃습니다.

이럴 때는 차라리 내 입이 웃는 게 아니라 이웃집 지붕에 붙어 있는 입이 웃는 것이 내 얼굴에도 어울립니다.

다섯 개의 寓話 · 2

노래

내가 사는 登村洞에는 노래 한 가닥이 밤이고 낮이고 이곳저곳 떠돌아다니는 것을 봅니다.

벌써 몇 년이 되었습니다.

가끔 그 노래 한 가닥은 내 이층 창문을 열고 들어오기도 하고 나의 잠 속에 들어와 나의 잠을 가져가기도 하고 내가 우리집에 심어 놓은 몇 개의 까닭을 흔들다가는 그 잎을 데려가서는 소식이 없곤 했습니다.

벌써 몇 년이 되었습니다.

그 노래 한 가닥은 내 안에서 날이 갈수록 가락의 끝이 날카로워져 요즘은 내 몸 곳곳에 상처를 냅니다. 오늘은 노래가 지나간 길 여기저기에 긁힌 자국이 남아 노래가 가고 난 뒤 다시 보니 그 자국들이 하나하나 노래가 되어 풀밭을 헤치며 가고 있습니다.

어느새 내 안의 상처도 하나하나 노래가 되어 다른 노래와 함께 떠납니다. 노래가 되어 떠나간 자리를 더듬어보니 아직 태어나지 않은 노래들이 내 손을, 내 손을 참 싸늘하게 합니다.

다섯 개의 寓話 · 3

우리집 아이의 장난

　우리집 작은놈이 뜰에 둥그렇게 원을 그려놓고 나더러 들어가보라고 합니다. 선 속에 내가 발을 들여놓으니까 녀석은 낄낄 웃으며 이젠 갇혔다고 박수를 칩니다. 나는 녀석의 실없는 장난에 웃으면서 한 발을 선 밖으로 내디딥니다. 순간, 왼쪽 무릎이 짜릿하며 마비가 옵니다. 놀란 내가 발을 거두며 작은놈을 쳐다보니 녀석은 마음놓고 빙그레 웃습니다. 이번에는 오른쪽 발을 조심스럽게 선 밖으로 옮겨봅니다. 선을 넘기도 전에 이상한 마비 증상이 오른쪽 허벅지를 타고 싸아 하고 올라옵니다. 멍해진 나는 선의 속을 들여다봅니다. 선의 冷血性, 확실함, 이의 없음, 일사불란함이 일렬로 서서 나를 향하고 있습니다. 나는 우뚝 선 채 선과 쾌재를 부르는 녀석의 손뼉 소리 속으로 녀석의 다음 할 일을 재빨리 읽어봅니다. 아니나 다를까 녀석이 그려놓은 선의 한쪽을 잡아당기니까 선이 슬금슬금 나의 다리를 향하여 좁아듭니다..

　당신의 믿음 또한 당신의 고정관념이 그렇게 믿으므로 선은 그렇게 언제나 당신이 아는 선으로 있으려니 하지만

　그것은 당신의 病입니다
　믿음 또는 고정관념이란.
　보십시오, 선은 움직입니다
　존재하는 그때의 양식 그만큼

누가 움직이고 있는 그만큼.

다섯 개의 寓話 · 4

공기

 내가 해본 결과 공기가 잘려지지 않는다는 말은 진실이 아니었다. 내가 처음 시도한 칼에 공기가 한 조각 잘려졌을 때 나는 떨어져나온 한 조각의 공기와 뻥 뚫린 공간 앞에서 이 사실이 꿈이 아니기를 떨면서 희망했고, 떨면서 다시 시험했다. 결과는 마찬가지. 진실이 진실이 아닌 것으로 바뀌는 순간은 이렇게도 짧아 나는 잠깐 행복으로 외출했다. 뻥뻥 뚫린 공간으로 불쑥불쑥 고개를 내민 다른 존재는 잊은 채 나는 짧고 까마득한 쾌감에 흔들렸다.

 나는 진실로 공기가 잘려지지 않는 존재라고 믿고 있는 사람들에게 보여주기 위해 자른 공기 몇 조각을 들고 거리로 나갔다. 공기는 잘려진다! 공기는 잘려지는 존재다! 나의 말을 믿는 사람은 그러나 아무도 없었으므로 나는 그들의 머리며 가슴을 싸고 있는 공기를 현장에서 쓱쓱 잘라 내밀었다. 그들은 그러나 뻥 뚫린 공간을 보면서도 내 손에 들려진 조각은 공기가 아니라고, 아니라고 했다.

 사실을 말하려고 하는 나는 만나는 사람마다 공기를 잘라 보였고, 만나는 사람마다 그러나 아니라고 했고, 나는 그러나 그때마다 아니라고 팔을 휘둘러 공기를 잘라내며 그 사람들의 공간에 구멍을 여기저기 뚫어

 내가 한 일이 잘한 일인지 어쩐지 몰라도 그때마다 사람들은 어

둠을 한 바가지씩 얻어 갔다.

다섯 개의 寓話 · 5

시계와 시간

시계가 기계적으로 시간을 재깍재깍 만들어 시계 밖으로 내쫓습니다.

내쫓긴 시간은 갈 곳이 없어 시계 밑으로 펼쳐진 절벽으로 털썩거리며 떨어집니다.

시계가 매달린 壁面 한쪽은 중심을 잃고 낙하하는 시간의 형상으로 새까맣습니다.

재깍, 재깍, 재깍……
털썩, 털썩, 털썩……

시계가 기계적으로 질서 정연하게 시간을 죽이고 있습니다.

시계가 시간을 죽이다니 이상한 일로 보이지만 따지고 보니 시계는 시간을 낳는 일밖에 모르기 때문입니다.

7月 素描

요즘은 집장수들도 돈이 잘 돌지 않는 모양입니다
집을 짓다 만 빈터에는 벽돌들이 자주 낮잠을 즐깁니다.

집장수들의 발길이 뜸해진 곳의 능갱이는
벌써 키가 내 배꼽까지 자라
바랭이며 쇠스랑개비를 한참 위에서 내려다봅니다.

오른쪽 귀가 간지러워 나가보면 그곳엔
기적처럼 늘 찌그러진 담배꽁초가 한두 개 더 늘어 있습니다.

오늘은 조숙한 코스모스 몇 놈이 꽃을 피우고는
가을의 귀를 서둘러 잡아당기고 있습니다.

두두콘 · 아이차바 · 호메이니 · 아얀데간
쮸쮸바 · 바밤바 · 호메이니 · 아얀데간

코스모스 밑에는 아이들 대신
아이차바 껍데기가 모여 앉아 바람을 기다리고 있습니다.

당신에게 남겨놓은 자리

하느님은 남겨놓았습니다.
나뭇가지에는 나뭇잎 돋아날 자리
뜰 구석에는 아이들이 쉬할 자리

하느님은 또 남겨놓았습니다.
지붕 위에는 참새들이 대변 볼 자리

너무 걱정 마십시오 公平하신 하느님은
당신에게도 한 가지 남겨놓았습니다.

주민등록부에 당신의 이름과 생년월일을 써 넣을 한 줄의 자리

죽고 난 뒤의 팬티

가벼운 교통사고를 세 번 겪고 난 뒤 나는 겁쟁이가 되었습니다. 시속 80킬로만 가까워져도 앞 좌석의 등받이를 움켜쥐고 언제 팬티를 갈아입었는지 어떤지를 확인하기 위하여 재빨리 눈동자를 굴립니다.

산 者도 아닌 죽은 者의 죽고 난 뒤의 부끄러움, 죽고 난 뒤에 팬티가 깨끗한지 아닌지에 왜 신경이 쓰이는지 그게 뭐가 중요하다고 신경이 쓰이는지 정말 우습기만 합니다. 세상이 우스운 일로 가득하니 그것이라고 아니 우스울 이유가 없기는 하지만.

공중전화

　어이 이봐 이거 공중전환데, 이리루 잠깐 얼굴 내밀 시간 없어? 어디냐구? 강서구청 뒤야. 땅에 포원이 진 서울 사람들이야 믿기 힘들겠지만 여긴 시골 학교 운동장 같은 빈터가 있어. 아냐, 그런 이야기가 아니구, 요즘 내가 신경이 좀 이상하다구? 이런! 아니 글쎄 (이건 유행가 제목이군) 그 이야기가 아니구 잡풀 그래 잡초 말이야. 여긴 그게 많단 말이야.

　이런 빌어먹을. 여긴 내가 매일 좀 앉았다가 가는 장소거든. 답답해 미치겠어. 잡풀에게도 이름이 있을 게 아냐? 아니 이것 봐, 이름을 알아야 불러내어 말이라도 좀 해볼 것 아냐? 뭐라구? 지랄한다구! 그래 지랄이야 하든 말든 좋아. 넌 농림학교 출신이지? 식물 도감이 틀려! 식물 도감이 엉터리라구. 뭐라구? 잡풀은 잡풀이라구? 이런 빌어먹을. 아니 이 세상에 이름이 없는 게 어디 있어! 글쎄, 나 원, 아니 그럼 대중도 사람 이름이냐? 군중도, 시민도, 행인도? 이거 나 참!

제주도

  비행기를 타고 담배 두 대를 피우면 내린다 濟州島에. 그러나 그곳은 濟州島가 아니다.
  바다는 좀처럼 濟州島를 보여주지 않는다. 기다림이란 실체를 삭제해버린 비행기의 시간, 고통의 다른 이름이 무엇인지 모르는 비행기의 시간 앞에 수평선은 윗도리 단추를 단단히 잠그고 젖꼭지 하나 보여주지 않는다.
  그러나 어느 날, 노래미건 도다리건 가재미건 또 무엇이건 바닷고기 한 마리가 문득 사랑스러운 얼굴로 다가올 때, 그때 당신은 비로소 보게 되리라.
  윗도리 단추를 따고 젖가슴을 내놓고 아랫도리까지 다 벗고 당신에게 오는 바다, 그 바다의 陰毛인 濟州島.

내 머리 속까지 들어온 도둑

나뭇잎이 흔들리는 소리가 보인다
나뭇잎과 나뭇잎의 밤 사이로
밤의 길을 만드는 소리가 보인다
도둑의 길이 보인다

그는 주인인 나를 보고
잠이나 자지 무엇 하느냐고
의아해한다.
당신이 잠들지 않으면
훔치기 미안하지 않느냐고
잠이 오지 않으면 눈이라도 감아야 하지 않느냐고
놀란 얼굴을 해 보인다

억지로 눈을 감고 있어도
들릴 것 다 들리고 보일 것 다 보인다
살아 있는 것들이 모두 눈을 가늘게 뜨고 보고 있는 모습이

도둑이 내 머리 속을 뒤지는 소리가
내 머리 속을 뒤져서
도둑이라는 말을 없애는 소리가
도둑이라는 말을 없애고

다른 말을 집어넣는 소리가
들린다 다 들린다

보이는 것과 보이지 않는 것

누가 내 감수성의 모가지를
왼쪽으로 꺾습니다.
돌아보니 아무도 없습니다
보이는 것은 모두
내 눈에는 보이지 않는 것들

누가 내 감수성의 모가지를
왼쪽으로 계속 꺾습니다
오른쪽의 世界에서 자꾸 멀어지는
내 눈과 코와 귀
내 눈의 눈과
코의 코와 귀의 귀

돌아봐도 아무도 없습니다.
앞·뒤·옆 어느 쪽에도
아무도 없습니다.
보이는 것은 모두 내 눈에는
보이지 않는 눈
보이지 않는 주먹

더럽게 인사하기

　나라는 존재가 포함된 우리와, 우리라는 이 집합명사 속에 포함된 나와, 거기다가 또 술 마시고 개판 치고 얼렁뚱땅하고 우거지 잡탕모양 더럽게 끓기도 잘 끓는 육체 속의 나와,

　李朝 때 어떻게 어떻게 慶尙南道 密陽郡 三浪津邑 龍田里까지 흘러든 流民의 새끼인 나와, 술집에 앉아 어처구니없는 헛소리를 10년이 지겹도록 목구멍으로 밀어넣고 있는 나와,
　그런 나와 나 사이에 뚫린 쥐구멍으로 눈을 반짝이고 지나다니며 사람인 나를 겁내기는커녕 겁 안 나, 겁 안 나? 하는 쥐새끼들을 앞에 놓고 분통을 터뜨리는 나와,

　이렇게 술집에 앉아서 人事하기
　어이, 잘 있었냐, 우거지 잡탕 나君!
　어이, 잘 있었냐, 流民의 새끼 나君!
　어이 어이, 잘 있었냐,
　10년이 지겹도록 헛소리를 목구멍으로 밀어넣는 나君!

우리들의 어린 王子

뒷집 타일 工場의 경식이에게 동그라미를 그려 보였더니 동그라미라 하고
연탄장수 金老人의 손주 명하는 쓰레기를 쓰레기라 하고
K식품 회사 손계장의 딸 연희는 빵을 보고 빵이라 하고 연희 동생 연주는
돼지 새끼를 보고 돼지 새끼라고 했다.

다시 한 번 물어봐도 경식이는
동그라미를 동그라미라 하고
명하는 쓰레기를 쓰레기라 하고
연희는 빵이라 하고 연주는 돼지 새끼라 한다.
또다시 물으니 묻는 내가 우습다고 히히닥하며
나를 피해 다른 골목을 찾는다.

정답 만세!
그리고 정답 아닌 다른 대답을 못 하는
우리들 어린 王子와 公主에게 만세 부르는 우리의 어른들 만세!

끈

1

내 몸은 온통 투명한 끈으로 묶여 있다. 다시 보면 내가 묶여 있는 게 아니라 내 몸이 끈을 키운다. 끈은 끈답게 내 몸의 가장 질긴 곳에 뿌리를 내리고 질긴 피와 질긴 살과 질긴 쾌락을 먹는다. 끈을 가위로 잘라보면 내가 아프다. 귀를 기울이면 그들의 숨소리가 들리고 나와 마주치면 허리를 펴며 웃기도 한다. 몸을 움직여보면 아무렇지도 않다. 이렇게 많은 끈에 묶여 있는데도 내 몸은 참 자유롭다.

2

끈은 자라면서 잎을 매단다. 나의 미친 눈짓 하나에 한 잎, 나의 미친 손짓 하나에 한 잎, 햇빛 속에 고개를 내밀고 탄소 동화 작용도 한다. 탄소와 산소와 물이 아니라 만남의 탄소와 헤어짐의 산소, 또는 깨달음의 탄소와 죽음의 산소, 언어의 물과 사랑의 물이 햇빛 아래 함께 모여 펼치는 뒤죽박죽의 잔치. 하늘 천막, 바람 깃발, 바람 손님—뒤죽박죽의 잔치에는 항상 내 몸이 제물로 놓인다. 그때마다 나는 갈증을 느낀다. 나는 한 잔의 보리차를 마시면서 등나무의 아름다움이 등나무의 튼튼한 줄기와 무성한 덩굴이듯 나의 아름다움인 나의 끈과 그 덩굴이 키운 잎의 그늘 속에 내가 있음을 본다.

― 나의 아름다움, 그러나 나의 적이여.
 나는 그러나 또한 보고 있다.
 이미 아름다운 것은 모두 위험함을.

그렇게 몇 포기

길이란 우리들 습관의 다른 이름

길에는 풀이 나지 않습니다
우리들 고정관념에 향기 한 줌
나지 않듯 그렇게.

그러나 길에도 풀이 납니다
失手처럼
그렇게 몇 포기
모진 꿈처럼
그렇게 몇 포기.

그러나 길에도 풀이 납니다.
여기 한 포기
저기 한 포기
미친년처럼 그렇게 몇 포기.

시간의 사랑과 슬픔

시간에게도 人格이 있고 꿈이 있고
슬픔이 있습니다
시간에게도 오늘이 있고 내일이 있고
사랑이 있습니다.

시간의 마음을 몰라주는 것은
사람들뿐입니다.

  마음이 너무 좋은 시간은, 예를 들면 마음이 헤픈 女子 같아, 이 男子에게 한 번 저 男子에게 한 번 모든 남자에게 한 번 때와 장소를 가리지 않고 몸을 허락했습니다. 이 男子에게 하나, 저 男子에게 하나, 서울에서 하나, 안양에서 하나, 이렇게 하나, 저렇게 하나, 몸 속의 욕망을 있는 대로 다 허락해버린 지금, 시간의 몸은 투명해질 대로 투명해져
  이제 시간은 空氣 같은 존재입니다.

우리의 말이 그러하고
뜻이 그러하고
꿈이 그러하듯

  이제, 그녀의 몸을 한번 안아보려면 그녀와 하룻밤을 자고 간 이

男子에게 하나, 저 男子에게 하나, 이렇게 흩어진 그녀의 욕망을 다 불러 모아 허벅지에게는 허벅지의 욕망을, 젖가슴에게는 젖가슴의 욕망을, 욕망과 욕망이 제자리에 있도록 우리가 해주어야 합니다.

童話의 말

童話를 쓰고 싶습니다. 童話 속에서는 안 되는 게 없기 때문입니다. 안 되는 게 없는 세계! 거지가 王子가 되고, 잭의 콩나무가 하늘나라까지 자라 잭은 하늘나라까지 갔다 오고,

童話를 쓰고 싶습니다. 옛날에 王이 한 분 살았는데, 이야기가 저절로 될 듯합니다. 안 되는 게 없는 세계! 그러나 나는 童話의 말을 다 잊어버린 사실을 알았습니다. 내가 사는 곳은 王도 王子도 公主도 없기 때문입니다. 나는 엊저녁에 이런 童話를 썼습니다. 왜냐고요? 다른 사람들이 나 몰래 안 되는 게 없는 세계를 가지면 나만 손해니까요.

옛날 옛날에 어느 한 나라의 王이
말을 사용하지 못하도록 하는
法을 만들었습니다

法을 만드는 건 옛날엔
王의 권한이었습니다

얼마 후 사람들은 말을
모두 잊어버렸습니다

얼마 후 사람들은 모두
백성들이여 내 말을 들으라 하는
王의 말을 못 알아들었습니다

내가 지나가면 고개 숙이라는 말을
못 알아들었습니다

王이라는 말이 도대체 무슨 뜻인지
잊어버렸습니다

그후 그 사람들의 자자손손인
나도 여러분도 모두 말을 잊어버렸으므로
말을 쓰면 안 됩니다

이건 法입니다

(그렇지만, 이건 童話가 아니지요?
나는 童話의 말을 잊어버렸습니다)

그것 참, 글쎄……

나는 월급을 받고 사는 월급쟁이이므로, 다시 말하자면 월급이 허용하고 혹 월급이 허용하더라도 사람이란 미래를 생각하는 동물이므로 조금 떼내어 계를 들어놓고 그 나머지로 보고, 듣고, 생각하는 사람이므로

사실, 국민학교에 다니는 4학년짜리 기집애와 1학년짜리 사내녀석 몫으로 녀석들이 대학이라도 나와야 어디에서 밥을 먹고 살 테니까 고만큼 떼내어 정기 적금 들어놓고 그 나머지로 보고, 듣고, 생각하는 사람이므로

어디 그것뿐입니까, 이 조그마한 집도 집이라고 살 때 남에게 빌린 돈이 기백이라 그것 갚기 위해 몇 군데 계를 따로 들어놓았으니까 그만큼 또 떼내어놓고 보면, 그 나머지로 보고 듣고 이야기할 게 뭐 있을지 없을지, 그것 참, 글쎄……

70년대의 流行歌

우리가 만난 것은 안개 속에서였다. 그리고 우리가 처음 마주친 것도 안개였고 겨울이었다. 겨울은 숨어서 세계를 氷點下로 끌어내리고 안개는 끌려가는 즉시 가볍게 얼어서 돌아왔다. 안개는 '우리'였고 '나'였고 '이웃'이었다. 몇몇은 氷點下로 돌아온 그것들 위에 보란 듯이 放尿했다. 나는 그들을 보며 낄낄 웃었다. 그러나 그 웃음소리는 옆의 사람에게 가기 전에 얼어붙어서 안개와 합류했다. 간혹 내 발 앞에 떨어지기도 했다.

우리에게 안개는 그 자체가 길이었다. 벽과 안개에 미친 우리들. 안개는 손과 손을 잡고 가는 우리들을 잡은 손만 남기고 모두 지워 버렸다. 얼굴이 없는 손과 손의 행렬. 외로운 우리는 '안개' 또는 '겨울'이라는 流行歌를 만들어 때 없이 불렀다. 流行歌는 부르는 대로 안개가 되어 되돌아왔다. 얼굴을 볼 수 없으므로 우리는 되돌아가버린 사람들도 옆에 있으리라 믿었다. 아는 것은 안개뿐. 돌아가버린 사람들의 자리는 다시 깨어나지 않았다. 다시 깨어나지 않도록 겨울은 白痴의 이불을 두껍게 내리깔았다. 겨울은 갈수록 하얗게 눈으로 덮이기 시작했다.

주막은 어느 것이나 두 눈만 안개 속에 내놓고 있었다. 白痴의 겨울.

소문을 안주 삼아 깡소주를 마시며 '겨울이여, 겨울이여' 하고 노래하면 여자들은 너무 쉽게 반했다. 너무 쉽게 반하는 女子들, 나는 그것이 재미있어 함부로 옷을 벗었다. 주막마다 '먼 곳에 女人의 옷 벗는 소리'가 겨울을 더욱 깊게 했다. 그때마다 나는 흘러간 옛노래를 다시 불렀다.

　서러움이 정말 서러운 것은
　자신의 서러움이 깨끗하지 못하다는 점이다
　서러움이 정말 서러운 것은
　자신이 왜 서러운 존재인지 어느덧 모르게 되었다는 점이다
　모르고도 계속 이날까지 서러움이었고
　서러우면서도 계속 서러움이었다는 점이다

　겨울은 갈수록 우리의 육체를 얼려서 작아지게 하고 작아지지 않은 육체는 누군가가 망치로 부수었다. 사방으로 튕기어 흩어지는 언 것의 조각들. 눈이 내리고 그것은 눈이 되어 地上에 정착했다. 눈이 내려서 하얗게 된 世界, 더러움과 사기와 오물과 그것의 흔적이 깨끗이 덮여버린 땅. 나는 냄새나는 것들이 그리웠다. 겨울은 더욱 깊어지고 흰 빛깔에 하얗게 바래 色盲이 다 된 나의 눈을 보고 안개는 조금씩 방심하기 시작했다. 위험! 나는 흘러간 옛노래를 다시 불렀다.

서러움이 정말 서러운 것은
서러움의 서러울 권리가 남에게 있지 않고
서러움에게 있기 때문이다.
서러움이 정말 서러운 것은
모든 서러움이 서러움 앞에 평등하고
평등하기 때문에 왜 평등해야 하는지 어느덧
모르게 되었다는 점이다
모르고도 계속 이날까지 서러움이었고
그래서 더러운 서러움이었다는 점이다

登村童話

옛날, 1978년이라는 아주 오랜 옛날
한 사내가 살았다.
首都 서울의 변두리
江西區 登村洞 산기슭에
그가 변두리 주민임을 알려주기 위해
매일 밤중에만 잠깐 찾아오는
수돗물과
수도꼭지가 있는 곳에서.

그는 월급쟁이였다.
만원 버스를 기다리며
만원 버스를 기다리며 선 그 앞을
너무 빨리 지나가는 자가용을
쳐다보며.

그는 가끔 떠밀려 다니다
만원 버스 속에서
단추나 구두끈 하나쯤 잃었다.
그때마다 그는 잃어버린
그 단추나 구두끈의 안부를 묻기 위해
내려선 그곳에서 오오래

떨어진 단추나 구두끈이 되었다.
길이 길로 끝나도록 오오래.

그에게는 그의 단추가 단추가 아니었다.
그에게는 그의 구두끈이 구두끈이 아니었다.
그에게는 그의 단추와 그의 구두끈이
그의 몸의 자유 의사와 자유 의지였다.

옛날, 1978년이라는 아주 오랜 옛날
한 사내가 살았다.
떨어진 단추같이 끈 없이 줄 없이
동그랗게 조그맣게.
首都 서울의 변두리
江西區 登村洞 산기슭에
그러나 단단하게 단추답게.

어떤 도둑
― 李淸俊에게

늘 무엇에 궁핍한 者들이 詩人이고 그래서 늘 도둑질을 하는 者들이 詩人이고 도둑질할 게 눈에 잘 띄지 않으면 때로는 느닷없는 슬픔의 原理를 훔치기도 하는 者들이 詩人인데

그도 詩人이라 늘 도둑질을 하고 있다 그는 자부심이 강한 詩人이라 솔직하게 도둑질한 물건으로 그의 세계를 지배하며 살 거라고 저 스스로 고백하기도 하고

소문을 훔쳐서 보따리를 풀고 물건 될 만한 건 모조리 챙겨 팔아 먹고는 그 나머지 위에다 小便을 한바탕 내깔기며 우리를 보고 빙긋 웃기도 하고 南道의 唱 한 가락을 훔쳐 밤새 그 唱을 따라가서 한 가닥 唱이 南道의 길을 아직도 왜 미치게 인도하는가를 저 혼자 唱에게 물으며 함께 밤을 가기도 한다

며칠 전 나는 그와 함께 나나 그의 天國도 아닌 당신들의 天國에서 만났다 그는 그날따라 오랜만에 좀 멀리 왔음을 스스로 아는지 좀 피곤한 얼굴을 하고 하늘과 나라가 만나기도 하고 만나지 않기도 하는 지점에 서서 거기 서 있는 偶像의 신경 조직을 모두 훔쳐 나더러 가지지 않겠느냐고 내밀었다 나는 내가 도둑질할 물건이 따로 있어 그냥 가지고 가라고 웃었다.

어떤 感動派

男子들은 좀 추상적인 데가 있다는
그것 때문에
男子들은 좀 엉뚱한 데가 있다는
그것 때문에
가끔 내가 男子들은 사랑스러워
라고 생각하는 일도 있긴 하지만

그 보이지 않는 세계를 믿기보다는
나는 대개 속으로 웃으면서
그들이 내 배 위에서 껄떡거릴 동안
콧구멍을 후비거나 손톱 밑의 때를 팠다
그러나 그것도 잠시뿐

나는 대개 그들이 내놓을 돈의 액수와
나의 짐작의 결과가
어디쯤에서 만날 것인가를
생긴 꼴과 노는 꼴을 함께 보면서
나의 짐작에서 얼마나 자유로울 것인가를 생각하며

옆방 년과 가기로 한
무주구천동이나 홍도의 버스 값에 차질이나 없기를

빨리 끝내주는 그것보다 더
간절히 희망했다
그곳에도 방이 있고
男子들이야 있긴 있겠지만

―뭐라구요, 독한 년?
더러운 년이라구요?
설마 날 보고 하는 소리는 정말
아니겠지요?

생각보다 많은 돈이 내 손에
쥐여졌을 때의 그 신선하고도 확실한 행복!
나는 잠시 진심으로 감사하고
잠시 男子들이 사랑스럽다고 생각하고
쥐여진 지폐를 다시 한 번 헤아리며
感動派인 나는 노래한다 허밍으로

―가로수 푸른 길 발걸음 가볍게……

색깔이 하나뿐인 곳에서의 人間의 노래

그해는 유달리 많은 눈이 내렸다. 祝福이라는 이름의, 은총이라는 이름의, 純粹라는 이름의 흰 눈이 쌓인 눈 위에 다시 쌓이고, 쌓인 그 위에 다시 내리곤 했다.

세계는 하나로 歸一하기 시작했다. 개, 돼지, 사람, 정열, 이념, 모두 하나의 색깔로 곱게 물들기 시작했다. 흰色 단지 그 하나뿐인 겨울의 땅. 그 위로 계속해서 祝福이라고, 은총이라고, 純粹라고 우리에게 속삭이며 눈발은 퍼부었다.

다른 色은 지하로 깊이 묻히고 사람들은 다른 色이 있다는 사실을 잊어버리기 시작했다. 눈이 쌓일수록 사람들은 다른 것들로부터 하얗게 마비되어갔다. 色이 하나뿐인 곳의 겨울은 그래서 추위도 하나로 歸依해 추웠다.

그런 겨울의 눈이 계속 내리다 잠깐 멈춘 어느 날, 남편의 한 손을 잡고 한 女子가 죽었다. 어떤 色에도 속하지 않아 어떤 빛깔도 없던 그녀의 삶, 그녀의 마지막 말도 그냥 그렇게 구질구질했다.
—당신, 내복을 갈아입어야 할 땐데.

어떤 개인 날의 葉書
── 한 大學에 보낸 祝詩

發展이라는 말에게는 미래가 중요한 게 아니라
發展이라는 말에게 진정으로 중요한 것은
發展으로 보이지 않는
골목과 노점과
노점을 노점답게 하는
노점 뒤의 낡은 벽보판이듯

존 덴버니 봅 딜런이니 낸시 시나트라, 숀 캐시디
앤디 깁이니 하는
外國 歌手의 이름이나
로베르 블랭, 호메이니, 아라파트, 마가파갈이니
하는 外國 政治家의 이름을
자기 집 족보보다 잘 외는 것이
進步이기도 하고 進步가 아니기도 하듯
이 祝詩라는 형태의 몇 줄의 글이 반드시
大學의 진보와 사랑을 예증하는 문헌이 되기도 하고 안 되기도
하는 것을 보는 사람처럼

누가 한 사람 있어
미래라든가 發展이라든가 文化라든가 하는 말을 위해
大學의 그 본관 건물 뒷구석에 있는

한 落書의 상상력을 읽을 줄 안다면 얼마나 좋으랴
그 낡은 落書의 한 획에서
黑人 女歌手 도나 서머의 쉰 목소리에서 性的 매력을 건져내는 그것보다도 더한
이란의 바니 사드르 外相의 경력에서 보수주의의 흔적을 건져내는 그것보다도 더한
發展의 이끼와 비린내와 향기를 건져낼 수 있을 것을

그 사실을 건져내는 것이 젊음이고
文化이고 大學이고 다시 한 번 젊음인 것을
33년 동안 그 자리에 서 있는 교실의 창문들이 그것을 보고
흰 이빨을 드러내고 웃을 것이고
33년 동안 침묵한 벽들이 저희들끼리 마주 보며 웃을 것이고

결국 落書가 무엇인지 무엇을 의미하는 말이며
發展이라는 말이 환원 논법이 아니라
웃음이라든가 향기라든가 부드러움인 것을 알 터인데
그래서 大學이란 얼마나 근사한 이름이며
그래서 外國 歌手의 이름이나 政治家의 이름보다 더 감미로운 게 있다는 사실을 위해
大學은 여기 반드시 있어야 하고 또 있음을 알 터인데

그 말 그대로

사랑하는 사람에게 우리는 모두
사랑이라는 말 하나로
사랑한다, 사랑한다고 한다.
사랑하는 사람이 바뀌어도
그 말을 그대로 옮겨
사랑한다, 사랑한다고 한다.

그래서 자유는 신성하고 봄은
잔인하다.
다방에서 레지를 기쁘게 하는 가장
좋은 方法을 알고 있는데, 그것은
그녀의 옆구리를 슬쩍 건드리며
귀에다 대고 '사랑해!' 하는 일이다.
나는 지금 사랑을 말하고 있지만 사실은 사랑이 숨긴
섬세한 아픔을 얘기하고 있다고
믿어도 좋다.
李成桂나 高宗이 龍布를 걸치고 높은 자리에 앉아
그들의 마누라나 宮女에게 윙크했을 모습은
나를 항상 행복하게 한다.

나를 항상 행복하게 한다.

解放 直後 엉망인 인쇄술과 맞춤법이.
昭和 13年의 우리나라 構文이
당당한 얼굴을 할 때는 이유가 있다.
사랑이 수천 년 동안 말해지고, 또 사랑이
오고 가고 했음에도 불구하고 사랑이
인간 앞에 아직도 신선한 것은
인간이 사랑 속에 숨겨놓은 게 있기 때문이지만,

사랑하는 사람의 이름으로 우리 모두 사랑을 말하듯
우리 모두 자기의 이름을 사랑으로 말하는 게 가능한 것도
사랑의 숨김 때문이지만,
말해보아라 너는 무엇을 숨겨두었느냐
사랑아, 너는 무엇을 숨겨두었느냐.

살풀이

길 위에 길 있고
길 위에 또 길 있어
—그럼, 그렇지

그 길로 내 가보니
말뚝이 하나
—그럼, 그렇지

나보다 먼저 와
앞산이 가깝네
—그거, 안됐군

꿈 위에 꿈 있고
꿈 위에 또 꿈 있어
—그럼, 그렇지

그 꿈을 쌓다 보니
밤이 다 모자라네
—그럼, 그렇지

그 꿈을 쌓다 보니

짠지 맛이 다 가네
―그거, 안됐군

소주 한잔하게 하소서

10월에는 죽은 者들이 다시는
돌아오지 않게 하소서.
돌아오지 않게 죽어서
우리에게 다른 우리로 가는 고통을
없게 하소서.
골목에서 우리가 다른 우리로 가는 소리가
우리의 짧은 잠을 깨우고
창문을 깨우고 이슬을 깨우고 달빛을 깨우고
마지막에는 밤과 하늘까지 깨우는 소리가
되지 않게 하소서.

10월에는 산 者들이 홀로
사색하며 잠들며 그 사색의
편협한 小路와 의견을
만나게 하소서.
小路에서 그리고 방구석에서
10월에 죽을 者와 친하고 10월에
죽을 者와 농담할 여유가 생긴 사람은
龍山이나 光化門에서
나와 소주 한잔하게 하소서.

시흥에서

시흥이 그곳에 있어 시흥의 개망초 한 무더기는 그곳에 태어났다.

시흥이 그곳에 있어 시흥의 시간은 그곳에 살았다.

시흥이 그곳에 있어 시흥 사람은 도깨비바늘을 옷에다 달고 소금쟁이 구절초 달개비와 말을 주고받았다.

시흥이 그곳에 있어 용산과 견지동은 멀리 서 있고 남의 돈을 떼어먹고 도망 온 서울 여자와 나는 시흥의 물 위를 떠돌았다.

떠돌다가 서울에서 다시 만났다.

시흥이 그곳에 있어 시흥 밖에서 우리는 서로 시흥의 얼굴을 보았다.

아프리카

가뭄으로 나자마자 시들시들 곧 노인이 된 아프리카의 한 아이 사진을 보면서, 흔들흔들 젓가락 같은 다리로 그래도 직립 동물이라고 끝까지 서서 찍은 사진을 내가 보면서, 문득 내가 어떤 한 사람을 사랑하고 있다는 사실을 깨닫는 이 느닷없음과 죄송함, 이 아픔의 터무니없는 만남을 어이할꼬.

내가 어떤 한 사람을 사랑하는 일은 이 시대의 이상도 희망도 좌절도 아니라고, 내가 어떤 한 사람을 사랑하는 일은 치사한 개인주의라고, 개인주의란 이기주의라고, 이기주의는 사소한 탐닉이고 사소한 탐닉이란 가치가 없다고, 가치가 없는 것은 무의미하다고, 이렇게 나를 논리적으로 설득해도 내가 사랑하고 있는 일은 사랑의 일로 남아 사랑의 일이 여기 있다 하니, 이 사랑의 비극 저 아프리카의 비극을 어이할꼬.

거리의 태양은 어떻든 빛나고 거리를 걷는 사람들의 단추도 어떻든 빛나고 빛나는 것은 모두 어디서나 빛나는데, 이 빛나는 거리에서 빛나지 않으려는 것은 더 빛나지 않으려고 하는, 저 지랄 같은 사랑의 그림자.

씨앗은 씨방에 넣어 보관하고

씨앗은 씨방에 넣어 보관하고

나뭇가지 사이에 걸려 있는 바람은 잔디 위에 내려놓고

밤에 볼 꿈은 새벽 2시쯤 놓아두고

그 다음 오늘이 할 일은 두 눈을 지그시 감고 생각에 잠기는 일이다.

가을은 가을 텃밭에 묻어놓고

구름은 말려서 하늘 높이 올려놓고

몇 송이 코스모스를 길가에 계속 피게 해놓고

그 다음 오늘이 할 일은 다가오는 겨울이 섭섭하지 않도록

하루 한 걸음씩 하루 한 걸음씩 마중 가는 일이다

밀양강
―고향 이야기

내가 스스로 깨달을 때까지
어른들은 아무도
말해주지 않았다.
밀양강에 대해서는.

삼복 더위에도 얼음이 언다는
얼음골,
나라에 큰일이 생겼을 때
땀을 흘린다는
사명당 비석,
나라에 기쁜 일이 생겼을 때
나타난다는 태극나비,
동해에서 만 마리의 고기가 날아와
절을 이루었다는 만어사의
자라는 바위,
이 풀 길 없는 여러 가지 밀양의 이야기는
들려주었어도

아무도 말해주지 않았다
말없이 흐르는
밀양강에 대해서는.

영남루에 올라가보아도
거울같이 잔잔한 밀양강은
말이 없었다.
내려가서 강가에 앉아도
흐르기만, 조용히 흐르기만 했다.

어른이 된 후에야
나는 알 수 있었다
밀양강이 무엇을 하는지.
밀양강은 밀양이 시키는 대로
들을 돌며
벼 이삭을 골라 익히고,
과수원에 가서는
사과와 복숭아에까지 찾아가
물을 가만가만 올려주고 있었다.

흐르면서
밀양의 잉어, 붕어, 뱀장어
끼리끼리 살찌게 하고,
밀양의 조약돌을
반짝반짝 윤이 나게 하고,

밀양의 모래알을
금빛으로 닦고.

영남루 밑에 와서는
사명대사와 아랑낭자에게
잠깐 고개 숙이고
산기슭에 가서는
밀양의 나룻배를 가만히 띄웠다.

그리고 나는 보았다.
잠 아니 오는 밤에
사명당 비각을 돌아서
내가 강가에 다다랐을 때
낙동강과 만나려고
밤에도
밤에도
흐르는 밀양강을.

누이 分得

창녕 曺씨 문중으로 시집간 누이 福돌이
시집가긴 갔어도 복은 이름에게 주고
돌로 曺씨 문중 집 뜰에 구르는 누이
내 집 뜰에서는 曺씨 문중의 돌이라
색깔이 희미한 누이
간혹 내 집 뜰에서 굴러도 남의 돌이라
구르는 소리조차 약한 돌이 복돌이

보내달라는 화장품은 보내주마. 화장품 회사에 다니는 동생이 어떻게든 구해 보내주마. 보내주는 건 나의 문제지만,
너의 거칠어진 피부는 화장품에게 사정하면 어떻게 해결이 되겠지만,
아스트린젠트는 그러나 너의 눈빛과는 상관없는 화장품이다
에몰리엔트도 족보가 먼 화장품이다
슈퍼란크림도 사정은 마찬가지다

네 편지가 닿는 날은 운수 사납게도 날씨가 너무 좋아
16절 乙紙 앞뒤 가득 찬 너의 잔글씨에게는 날씨가 너무 좋아
글자들이 얼굴 내밀기를 서로 꺼려하는 광경이
가난한 복돌이보다 더 복돌이답지 않아서 나는
내가 아는 여자 복돌이보다 더 복돌이답지 않아서 나는

가끔은 주목받는 生이고 싶다

1987

봄

저기 저 담벽, 저기 저 라일락, 저기 저 별, 그리고 저기 저 우리집 개의 똥 하나, 그래 모두 이리 와 내 언어 속에 서라. 담벽은 내 언어의 담벽이 되고, 라일락은 내 언어의 꽃이 되고, 별은 반짝이고, 개똥은 내 언어의 뜰에서 굴러라. 내가 내 언어에게 자유를 주었으니 너희들도 자유롭게 서고, 앉고, 반짝이고, 굴러라. 그래 봄이다.

봄은 자유다. 자 봐라, 꽃피고 싶은 놈 꽃피고, 잎 달고 싶은 놈 잎 달고, 반짝이고 싶은 놈은 반짝이고, 아지랑이고 싶은 놈은 아지랑이가 되었다. 봄이 자유가 아니라면 꽃피는 지옥이라고 하자. 그래 봄은 지옥이다. 이름이 지옥이라고 해서 필 꽃이 안 피고, 반짝일 게 안 반짝이던가. 내 말이 옳으면 자, 자유다 마음대로 뛰어라.

우리는 어디서나

우리는 어디서나 앉는다
앉으면 중심이 다시 잡힌다

우리는 어디서나 앉는다
일어서기 위해 앉는다

만나기 위해서도 앉고
협잡을 위해서도 앉고

의자 위에도 앉고
책상 옆에도 앉듯
역사의 밑바닥에도 앉는다

가볍게도 앉고
무겁게도 앉고

청탁불문 장소불문
우리는 어디서나 앉는다

밑을 보기 위해서도 앉고
바닥을 보기 위해서도 앉는다

바로 보기 위해 어깨를 낮추듯

한 시민의 소리

행복하게도나는형체가없다나는있는데나는없고그러니까나대신 먹고마시고춤추는사람들이찬란하다시대의별이다

나는관념이고형체가없으므로空이다형체가없으므로형체가없는 일체와동종이요삶이요죽음이요권력이요탐욕이요사기요空한모든 것이요空한모든것의변하지않는學의空이다
나는空하므로나의소리도空이다나의소리가空이므로나의소리는 옳은것도옳지않은것도없고옳고옳지않은것을가릴것도없고나는시 비도찬도할것없는色이다그러니까나는自由다형체로부터自由요옳 은것으로부터自由요옳지않은것으로부터도自由다

나는自由이므로있고자하면있고없고자하면없고삶이고자하면삶 이고일체만사유심이라권력·탐욕·사기·부패·부정이고자하면권 력·탐욕·사기·부패·부정이요色이요절망이요절망의色이거나色의 절망이고자해도마찬가지다

나는형체가없으므로여기있고여기있어도없으므로신이요절대군 주요空이다그러니까나는自由다내가自由이므로나를구속하는것은 自由뿐이다

운동

뜰이 조금씩 황폐해지고 있다. 사람과 시간이 친절하게도 그것을 돕는다. 뜰이 조금씩 무너지고 있다. 즐겁게, 즐겁게. 무너지기를 즐기는 역사, 즐겁게 무너지는 뜰의 운동. 그래서 뜰은 육체도 정신도 역으로 따스하다.

나무야 나무야 바람아

나무야 나무야 그대가
생명의 검증 자료며
치욕의 광명이라면
물의 척추며
신경의 음표라면

바람이여 그대는
시간의
노래의 손톱이며
땅 위의 물이며
차가운 불이라

나무야 나무야 그대가
대지의 모닥불이며
불의 귀라면
바람이여 그대는
불의 종소리며
물의 뿔이라

나는 그대 육체가
보고 싶단다

움직이지 않으면
존재하지도 않는
사람 정신이여
그대 바람이여

나무처럼 여기 와
내 앞에 서라
탄력이 있으니
육체도 있으렷다!
나는 그대 육체가
보고 싶단다

분식집에서

바닥에게는 낮은 창문도
희망이고

몸이 무거운 나무에게는 떨어지는
잎 하나도 기쁨이다

층계 위에 오래 앉아 있은 나는
내려가는 것이 희망이고

엊저녁에 산부인과에 가서 낙태 수술을 하고 지금은 분식집에서 라면을 먹고 앉아 있는 아이와, 어제까지 몰랐던 여자와 아침까지 자고 지금은 분식집에서 라면을 먹고 있는 아이와,
  그리고도 아직 사랑에 굶주린

이 아이들의 공복으로 배가 접혀오는 내 머리 위의 도시에 그늘을 펴고 있는 라일락의 꿈이 당신은 꽃을 피우는 일이라고 쉽게 짐작하겠지만 그러나 사실을 말하면 라일락의 꿈은
  시든 꽃을 흔들어버릴 4월의 바람이고
  바람도 아니 부는 4월의 봄은
  꽃피는 절망이다

정방동에서

                      남쪽 섬지방의 해안 正房洞에 눈이 온다. 햇볕이
                      따스하게 내리쬐는 해안 거리의 正房洞의 햇빛
                      사이로 눈은 내리기보다 햇빛 사이로 날고 있다.

허름한 해안 식당에서 점심을 끝내고 나선 나는
내 키보다 나직한 담장 안을 넘보며 담장의

안에만 있는 생활이며 사람의 문지방을 넘보며 또한
그러한 나를 넘보는 사람들을 넘보며 언덕을 오른다 눈은

언덕 위에서 바다 쪽으로 내려오고 나는
바다 쪽에서 사람의 언덕으로 오르다가

눈 날리는 정방동의 언덕길을 더듬고 있는 며칠 전
나를 치료한 장님 안마사와 마주친다 장님 안마사는

눈송이가 놓인 사이사이의 검은 도로의
바닥만 지팡이로 두드리며 가고 나는 내 근육을 풀어간

키 작은 한 사내의 손이 눈과 눈 사이에서 검은
바닥만 두드리는 지팡이의 끝에 실수마냥 거듭 찔린다

해안으로 난 골목으로 안마사가 방향을 꺾자 한 사내와
나 사이로 눈과 파도가 한꺼번에 달겨들어 나는

숨이 차다 날리는 눈 속의 정방동 길은 어느 순간보다 더 검고
웅크린 언덕의 어깨는 나보다 나직하다 그러나 이 길도 내가
사는 곳으로 올라가는 길 내가 사는 곳이므로

의·식·주가 먼저 올라가고 눈이 먼저 내린다 그러나
올라가는 길은 어느 길이나 숨이 차야 내려간다

거울 또는 사실에게

> 거울은 거울 앞을 떠난 자를 결코 용서하는 법이
> 없다. 거울 앞을 떠나면 거울은 그 순간 떠난 자
> 를 그대로 삭제한다. 거울을 보려면 누가 불러도
> 일이 생겨도 거울 앞을 떠나서는 정말 안 된다.
> ─사실이 진실에게

1

나는 지금 거울 앞에 있다 거울의
입구는 거울만큼의 크기로 넓고 단정하고

거울의 안은 더도 아니고 덜도 아니게
나의 크기만큼 차 있고 나머지는 비어 있다

거울이 아니고 인간인 나는 늘 큰 키 덕분에 내 머리와 모가지는
거울 밖에 있고 심장부터 발까지는 거울 속에 있거나

혹은 내 아랫도리는 거울 밖에 있고
머리와 심장은 거울 속에 있다

나는 지금 거울 앞에서 걷고 있지만 거울 속의 나는

아랫도리이거나 윗도리이거나 둘 중의 하나이다

아랫도리이거나 윗도리이거나 그 중 하나가
거울 밖으로 나오면 나는 하나가 된다

2

나는 거울을 보지 않는다 면도를
할 때도 한 손으로 면도기를 들고
다른 손으로 수염을 더듬는다 그래도
수염은 잘 깎인다

우리집 딸놈은 자기 아버지가 잘생기지는 못했지만
멋있다고 믿고 있다 딸놈의
착각이 재미있으므로 나는 거울을 보지 않는다

층계 위에서

층계의 위는 밑에서 보면 높지만
위에서 보면 층계의 위도
내 발의 아래이고 내가 신은 구두의 밑이다
층계의 위에서 보아도 층계의 위는
언덕의 밑이고 산의 밑이다

높은 곳은 보다 높은 곳의 가슴이거나
턱수염 밑이고 낮은 곳은
보다 낮은 곳의 엉덩이거나 아랫배이거나
그런 높이로 층계는 이어져 있다 나는
보다 높은 곳의 사타구니쯤에서 피우던
담배를 구두 뒷발로 뭉개고 앉아 있다

층계와 마주하고 앉은 거리에는
한 시대의 낡은 집과 새 집이 보이고
집과 집 사이로 한 시대의 오늘이
내왕하는 은밀한 골목이 보인다
나에게 고개를 숙이고 있는 지붕과
돌아앉아 있는 지붕이 보이고

닫힌 門과 열린 門이 보이고

열린 門이 닫히는 순간이
남의 일처럼 보인다 남의 일처럼
내 옆으로 개 한 마리가 와 남의 나라
역사처럼 나란히 구겨진다
층계 위에서 보면 층계의 위는
하늘 밑에서 너무 밑이고 그리고

층계의 위보다 내 키가 민망하도록 높다
층계의 아래위는 내가 내통해야 할
모양 그대로 완강한 집들
나는 올라온 사람이면 반드시 다시
내려가야 할 층계 위에 있고 층계는
내가 토해놓은 불임 시대의
누우런 헛구역질 속에 있다

바다의 길목에서

오늘 나는 바다의 길목에 서 있었고
수평선은 내 심장의 높이에 걸쳐졌다

바다의 높이가 가슴까지 올라와 수평선이
내 심장에 걸쳐져도 나는 답답하지 않았다

나는 바다 밖에 서 있었으므로
바다는 나를 잠글 수 없었고

하릴없이 일용할 양식을 위해 비운
내 곁 빈집의 대문을 잠그고 있었다

내가 바다에게 아무것도 원하지 않았으므로 바다는
주검이나 주검의 위치에서 나와 마주 서 있었고

마주 보고 서 있어도 너무나 당연하게
나는 내 옆사람 속으로 들어가 서서

사람을 통해 구부러지는 길과 무덤을 보고
내 머리 위에 탕아처럼 누운 정신 나간 하늘을 보았다

바다는 내 앞에서 내 아픈 곳을 들여다보며
수평선을 輓章의 높이까지 들었다 놓았지만

나는 나를 비워두었으므로 바다 앞에서 조금도 이상하지 않았다
사실을 말하자면 마치 탕아처럼 내가 기웃거린

빈집은 어느 곳이나 대문이 열려 있어 열쇠가 있어도
잠긴 곳이 없어 내가 열 수 없었듯이

귤을 보며

1

땅 위에는 작고 흔한 것이 많다 작고
흔하기로는 귤도 예외는 아니지만 느닷없이

왜 작고 흔한 것 가운데 귤이 거기에 끼여 있는지
나는 어리둥절하다 제주도에서

재배에 성공한 이후 귤은 몇십 원으로
어디서나 살 수 있다 그러한 귤이

그러나 온몸의 무게로 앉으니까 앉은 자리와
주변이 슬그머니 정돈된다 자리와 주변을 정돈하는

그 조용한 무게는 크기와는 달리 나보다 오히려 무겁다
놓인 그 자리에서 밑으로 아무렇게 앉은 그는 그 무게 하나로

이미 내가 감당하기 힘든 한 세계의
중량이다 지금 내 앞에 있는 그의 무게는

순수해서 학문이나 신념보다 무겁다

온몸으로 아무렇게나 앉은 그 자세 하나로

이미 탈사물의 중량이다 그 무게는
정치나 권력 부정이나 부패의

무게가 아니라 존재의 무게여서
이 시대보다 순수하게 더 무겁다

2

땅 위에는 작고 흔한 것이 많다 작고
흔하기는 나도 예외는 아니지만 귤 하나가

저 주먹만한 크기로 작아진 이유가
오늘은 시보다 난해하다 난해한

시대 속의 이 작은 난해 앞에서 나는
종일 작아지고 또 작아져서

내가 작으므로 내 속의 역사 내 속의

정치 내 속의 권세와 영광도 이 작은

귤보다 더욱더 작아진다
오늘은 이 귤보다 더 큰 존재는
내 앞에는 없다 정치도

작아진 정치를 보니까 귀엽다
작아져서 조그마한 권세와 영광도

이 작은 귤이 작아진 이유
이제야 알겠다 작은 것이 존재하는 이유

작아지지 않으면 들어갈 수 없는 곳
그곳까지

서울·1984·봄

거리에서

1984. 1. 무너진 것은 모두
온몸으로 묻혔는가

1984. 1. 깊은 곳은 말하자면
여자뿐인가

  수도가 얼었다 깊은 곳은 어디쯤에서 시작하는가 우리들의 깊이는 수도를 녹이는 인부들이 간단히 노출시킨다 얕게 묻힌 수도 인부들은 언 땅을 파고 해빙기를 연결하지만 녹지 않는다 목이 마른 우리집 식구들이 이웃집에서 하루를 얻어오지만 내일까지는 얻어오지 못한다 사랑스런 겨울 눈이 내렸지만 눈 속에서도 수도는 얼었다 눈이 내려도 산은 묻히지 않았고 눈이 녹자 무너진 것은 모두 온몸을 드러냈다 깊은 곳은 얼마나 따스한가

1984. 2. 부러진 나뭇가지 끝에
비가 머물렀다

1984. 3. 싼 곳을 찾아다니며
집을 짓는 서울

서울. 1984. 봄
비가 철근모양 꼿꼿이 선다

서울. 1984. 봄
절그렁거리며 둘러서는 빗속에 갇혀 서울은

켄터키 치킨 센터에서

이 봄이 봄이라고 하더라도
작년의 봄 같지는 않게
이 봄이 정말 봄이라고 하더라도
봄 같지는 않게

꽃이라고 하더라도 꽃 같지는 않게
신문 같은 신문 같지는 않게
한국 같은 한국 같지는 않게
시 같은 시 같지는 않게

정말 시라고 하더라도 시 같지는 않게

퇴근길 켄터키 치킨 센터에서
젊은이들과 소주를 마신다
젊은이들은 낮은 불빛보다 더 낮게
젖은 산보다 더 낮게 엎드리고
산속의 나는 잡초처럼 솟고
소주를 까고
켄터키 치킨을 빤다

몸이 단 계집이 사내에게 안기듯
씨앗이 봄까지 강이 바다까지
과거가 미래에게 안기듯
낮은 것의 산에 안겨
시라고 하더라도 지금은 시 같지는 않게

4317년 5월

오월에 교황이 오고 한국은
거국적으로 환영했다
스포츠와 경제란을 제외하고
신문은 연일 교황의 기사를 게재하고

방송은 뉴스 시간에 집중 보도
하는 이외에도 특별 프로그램을
제작 방영했다
잡지들은 교황 기사를 특집하고
교황의 희곡 「보석상」이 공연되었다

일기 예보를 하는 방송 기자는
축복받은 맑은 날씨에 감사하고
오월에 교황이 오고 공항에 내린
교황은 한국 땅에 입을 맞추고
교통은 통제되었다
특별 방탄 유리로 된 차를 타고
미소 띤 얼굴로 손을 흔들며

오월에 교황이 오고 한국에는
구름떼
구름떼
구름떼
구름떼
구름떼
구름떼

구름떼
(이하 각각 다른 '구름떼' 13번 생략)
교황을 따라 이동했다
교황이 오는 방향으로 길이 열리고
그 방향으로 달리는
발자국 소리
발자국 소리
발자국 소리
발자국 소리
발자국 소리
(이하 각각 다른 '발자국 소리' 13번 생략)

몇 개 남지 않았던 우리집
개나리꽃이 진다
지는 우리집의 꽃 사이로
오월에 교황이 오고
꽃 지는 봄이 오고

다시 거리에서

복합 비타민 레모나와 빵빠레 사이에
세종 콘택트 렌즈와 마운빌 상사 사이에
아모레와 조아모니카 사이에
쌍방울과 애니 사이에
자미온과 나드리 사이에

망가진

프로스펙스, 에스쁘리끄, 쟈스트, 유닉스, 비비안, 톰보이, 에스판, 챠밍, 논노, 코코, 뿅뿅, 라미, 와코루, 자이덴스키, 디제이치킨, 콩그라쎄 사이에

망가진 것들 예를 들면

지노베타딘, 리도, 아스피린, 드봉, 펠시, 뽀삐, '신의 아그네스' '낮은 데로 임하소서' '우리는 행동과 개성을 입는다, 점퍼' 사이에

망가진다

둥글둥글

당신이 벌린 입이 둥글고
배꼽이 항문이 내 아버지의
무덤이 둥글다
밥그릇과 국그릇이 둥글고
내일 아침 개나리 위에 맺는
이슬이 둥글다
아버지의 아들답게 나는
내일 아침 목련 위에 맺는
이슬 속에
내 무덤을 만든다

조상을 흉내내어 둥글게
만들지만 곧 마른다
아버지가 죽은 지 몇 년째인지
알쏭달쏭 개나리 대신 내가
지는 꽃잎 위에 은사철 위에
떨어지는 빗방울 위에
끝까지 본능으로
마른 상처로 버틴다

모든 죽음이 둥글게 완성
되지는 않는다 이태리 판테온에
있는 라파엘이 제 무덤을
들고 와서 말한다
그렇다 둥글둥글
우리나라의 모든 무덤이
밥그릇모양 둥글다
나는 밥을 먹을 때마다
본능에 맞추어 입을
동그랗게 한다

입을 동그랗게 한다
신화를 완성하기 위하여
그때마다 쟁반 같은 달이 뜨고
아버지의 무덤이
달 속에 보인다 완성된
본능이 계란 노른자가 보인다

아버지—
아버지—

말

꽃이 잎과 줄기와 향기로
꽃밭을 몸 안으로 잡아당기듯
꽃이 꽃밭의 육체를 잡아당겨
젖가슴을 내놓고 가랑이를 벌리듯
꽃밭의 꽃이라는 꽃은 모두 손에
잡히는 세계를 몸속으로
몸속으로 밀어넣듯

욕망의 성기며 육체의
현실인 말은
오늘도

버스 정거장에서

노점의 빈 의자를 그냥
시라고 하면 안 되나
노점을 지키는 저 여자를
버스를 타려고 뛰는 저 남자의
엉덩이를
시라고 하면 안 되나
나는 내가 무거워
시가 무거워 배운
작시법을 버리고
버스 정거장에서 견딘다

경찰의 불심 검문에 내미는
내 주민등록증을 시라고
하면 안 되나
주민등록증 번호를 시라고
하면 안 되나
안 된다면 안 되는 모두를
시라고 하면 안 되나

나는 어리석은 독자를
배반하는 방법을

오늘도 궁리하고 있다
내가 버스를 기다리며
오지 않는 버스를
시라고 하면 안 되나
시를 모르는 사람들을
시라고 하면 안 되나

배반을 모르는 시가
있다면 말해보라
의미하는 모든 것은
배반을 안다 시대의
시가 배반을 알 때까지
쮸쮸바를 빨고 있는
저 여자의 입술을
시라고 하면 안 되나

남대문시장에서

오늘 나는 유령이다
내가 물로 흐르거나
내가 피로 흐르거나
사건이거나
사물이거나
그건 유령의 자유다

오늘 나는 유령이다
나는 내 육체를
정신에 묶지 않는다
걱정 마라 나여
때로 방종은 유쾌하고
방임은 풍자가 된다

육체여 오늘의 나는
재미가 좋구나
정신의 풍자가 되는
육체여 오늘의 나는
예술과 사회를 강의하고
강의료를 받고
봉투를 바지 주머니에

넣어 쥐고
남대문시장을 오가며
수입 상가에서 빨간색
외제 팬티도 산다

육체여 그 동안 안녕한가
집에 혼자 있는 동안
강간이라도 당하지 않았는지

충무로에서

이 거리가 나를 내가
가두게 한다
이 거리의 속도가
이 충무로가 나를
내가 가두게 한다
치사하게 내가
비겁하게
나를 가두게 한다

노예답게
더럽게
홍콩답게 동경답게
머지않아 남산이
남산에 쌓인 겨울이
눈보다 빨리 이 거리의
속도에 녹으리라
하느님 용서하소서

이 충무로에서 오늘
내 권리로 가둘 수
있는 자는

나 하나이므로 내가
이곳에 나를 가둔다
열린 상가의 닫힌
세계 속에
이른 아침의 침몰 속에

자물쇠와 열쇠를 동시에
쥐고 비겁하게
노예답게
충무로의 깊은 자궁 속에
증명서도 없이 도지는 봄 속에
고향을 떠나서 화농하는
상처 속에

하느님 용서하소서

하나와 둘

길 구석에 돌이
하나 있다 바보야
어느 곳에서나
그러할 수 있듯
하나가 아니라
돌이 둘 있고

나의 감정 그리고
길과 관계없이
하나보다 바보야
둘 있는 돌이
이상하게 더 외롭다

하나의 돌은
외로움이 하나지만
둘 있는 돌은
외로움이 둘이다
최소한 그렇지
최소한 둘!

黃菊
―Y에게

돌에 스미는 가을만큼
절망에 스미는 희망만큼
시장에 스미는 고요만큼

그 두께만큼
그 농도만큼
그 희귀만큼

서두르자 그만큼만 黃菊이여
접힌 가을의 모서리 속에
함께 접혀버린 나의 방문이여
우유 배달부가 도착할 때마다
조간 신문이 떨어질 때마다

서두르지 말고 그렇게만
그만큼만 대지의 통로인
黃菊이여 사랑이여

나무에게

물의 눈인 꽃과
물의 손인 잎사귀와
물의 영혼인 그림자와
나무여
너는 불의 꿈인 꽃과
이 지구의 춤인 바람과
오늘은 어디에서 만나
서로의 손가락에
반지를 끼워주고 오느냐

無法

사람이 할 만한 일 가운데
그래도 정말 할 만한 일은
사람 사랑하는 일이다

―이런 말을 하는 시인의 표정은
　진지해야 한다

사랑에는 길만 있고
법은 없네

―이런 말을 하는 시인의 표정은
　상당한 정도 진지해야 한다

사랑에는 길만 있고
법은 없네

송충이

송충이가 나무 위에서 떼를 지어
줄기와 잎 위로 행진하는 모습이
내 발목을 거머쥐고 안경을
고쳐 쓰게 하는구나 편견이란
때로 얼마나 위대하냐

큰 놈이나 작은 놈이나 송충이는
모두 저렇게 아름답다
줄기 위의 하늘에서 잎 위의
하늘로 옮아가는 몸놀림은
낮은 강물 소리 같다
보송하게 살이 잘 오른
가슴이며 아랫도리는 르누아르의
화풍이다 보라
보드라운 솜털은
대낮에도 별빛을 옭아맨다

일렬로 나뭇가지로 오르니
가두 행렬의 선발대 같고
롬멜의 탱크 부대 같다
송충이에 비해 나뭇가지는

사하라 사막이다 사막이란
또한 얼마나 깊게 숨쉬는가
편견이란 얼마나 위대하냐
나는 아직도 꽃이
아름답다는 편견이 배 밑에 깔려

송충이의 배 밑에 깔려
사하라 사막의 모래 밑에 깔려
달빛을 옭아매는
송충이의 솜털 사이에
하얀 한 장의 종이로 접혀

구둣발로 차고 가는구나

1

서울 영등포구 신길6동
육교 밑
그늘진 좌표에서

뒹구는 돌
내가 구둣발로 차고 가는구나

내 구둣발에 차이는구나
버려진 고향처럼

2

내가 차고 가는 돌 속에
환하게 다져지는 달빛
(그 속에 서면 내 몸이 다 젖으리)
산의 귓밥을 파내는 물소리―
그것을 보는 내 눈이여
낡고 오래된 상처여

3

  감자를 캐는 누이는 땅속에서 나온 돌을 감자처럼 밭 가장자리에 쌓았다 햇볕에 잘 익은 돌들은 여물어 단내가 났다 다람쥐들은 돌 깊숙한 곳에 새끼를 까고 먼저 죽은 자식을 밭 가장자리에 묻으며 아버지는 잠자리가 편하도록 관을 돌로 괴었다 큰 돌 사이에 작은 돌을 끼우고 큰 돌을 빼내고 작은 돌을

  작은 돌을 만만하다고
  내가 구둣발로 차고 가는구나

  아들아, 내가 차고 가는구나

詩人 久甫氏의 一日 1
─久甫氏가 당신에게 보내는 私信`
또는 희망 만들며 살기

1

가을. 하고도 가을 어느 날.

길을가다가자리를잘못잡아地上에서반짝이는별, 그런별몇개로반짝이는黃菊이나野菊을만나면가을동안가을이게두었다가그다음菊을다시별로불러별이되게하고몇개는내주머니에늘넣고다니리라.

내주머니가작기는하지만그곳도우주이니별이뜰자리야있습지요. 딴은주머니가낡아서몇군데구멍이있는데혹지나다니는길에무슨모양을하고떨어져있거든눈곱이며그곳이나비누로좀닦아서어디든두고안부나그렇게만전해주시기를.

2

오해하고싶더라도제발오해말아요
시인도詩먹지않고밥먹고살아요
시인도詩입지않고옷입고살아요
시인도돈벌기위해일도하고출근도하고돈없으면라면먹어요
오해하고싶더라도제발오해말아요

오해하고싶으면제발오해해줘요
시인도밥만먹고못살아요
시인도마누라만으로는못살아요
구경만하고는만족못해요
그러니까시인도무슨짓을해야지요
무슨짓을하긴하는데그게좀그래요
정치는정치가들이더좋아하고
사기는사기꾼이더좋아하고
밀수는밀수업자들이더잘하고
작당은꾼들이더잘하고
시인은시를더좋아하니까
시에미치지요밥만먹고못사니까
밥만먹고는못사는이야기에미쳤지요
그래요미쳤지요허지만시인도
밥먹고살아요돈벌기위해일도하고
출근해요출근하지못하면정말곤란해요
순사가검문하면주민등록증보여야해요
순사가검문해도번호가없는詩는그러니까
위법이지요위법이니까그게좀그래요
위법은또하나의法이니유쾌해요그게그래요
거리를가다가혹詩가있거든눈곱이며

그곳이나비누로닦아주고안부나
그렇게만전해줘요그게그렇다구요

詩人 久甫氏의 一日 2
―南山에서

우리들 陰毛만큼이나 어둡고 따스한 곳에
송수관을 묻고 우리가 사는 이 대지의
수도꼭지인 나무들
내장의 고름을 가을이라는 핑계로
마음놓고 누렇게
지는 잎의 형상으로 뱉어내는구나
남북이 일시에 뱉어내니
누런 고름의 통일이다 무엇보다
통일로 보는 내 눈이 아름답구나
남북과 동서 통일로
대지의 상처는 가을이라는 이름 밑에
단정적이고 통계적으로 숨겨진다

낮은 데로 생각나면 임하는 녹슨
예언처럼 내상을 땅에 묻은 사람들의
고름은 요컨대 처음부터 사람을 알고
때를 알고 찾아온다, 찾아오려무나
더러워도 끝내는
사랑해도 끝내는 꿈꾸리라
따뜻한 우리들의 내상
내 몸 곳곳의 상처에도

유령마냥 찾아와 엉긴다
아름다운 것은 결국 상처가
날 수 있는 나와 너의
살아 있는 육체구나
비종교인인 내가 불러도 싸늘한 어감의
하느님, 좀 추상적이기는 하지만
그래도 아직 추상적이어서 제 맛이 나는
하느님, 상처의 변두리에 파랗게
찬 별이 돋는데 어디 지금 하느님이 드시는
미역국은 그래도 좀 따스하기나 한지

청바지를 입고 나이키인지 아식스인지
신은 학생 두어 쌍과 사십대 남자와
싸가지없게 옷을 입은 계집 한 쌍이
빈 소주병으로 구르다가 부서진다
남산의 역대 유령이 산의 어둠에다
니스를 한 겹 더 칠하는 사이
소주병으로 낙하한 별 서너 개도 함께 부서지고 드디어
인간에게 위험한 숲속의 별이
어둠의 잎과 가지 사이에 태어난다

인간에게 위험한 별이 여기저기의
땅 위에서 번쩍인다 남산의 밑은
聖하고 더러운 노동의 파란 불빛에 깜박거리는구나
가을의 폐광 천장에서 서울로
불안한 간격으로 떨어지는 녹물과
시신의 부품을 거리는 담장 안에 숨기고
아직 돌아가는 길을 정하지 못한 나는 즐겁게
즐겁게 불안한 간격의 가지 위에
딱새의 둥지를 틀고 들어앉아
밥그릇 같은 달을 쪼고 있다
남북과 동서 통합의 누른 내상이
엎질러진 달빛의 飛瀑에 가 씻길 동안
결국 불안해할 수 있는
살아 있는 내 육체가 아름답구나

詩人 久甫氏의 一日 3
―쇼핑 센터에서

    나는 사주고 싶네 사랑하는 애인에게 라이너 마리아 릴케 같은 스판덱스 브래지어, 사주고 싶네 아폴리네르 같은 팬티스타킹, 아소포로 한 짐 보내고 싶네 에밀리 디킨슨의 하얀 목덜미 같은 생리대 뉴후리덤

'황혼의 하늘을 따라
종이 평화롭게 三鍾 기도를 올린다
망명적이며 계모 같은
결코 용서하지 않는 풍모로서'
지저분하게 다가서는 일요일
나도 지저분하게
결코 나를 용서하지 않을 풍모로서
라포르그의 시를 베끼고
主日의 복음으로

골드만 같은 여의도
귄터 그라스 같은
카프카 같은
쇼핑 센터에서

나는 사랑하는 애인에게 사주고 싶네 하이네 같은 쌍방울표 메리

야스, 워즈워스 같은 일곱 색 간지러운 삼각 팬티, 아 나는 등기 소
포로 보내고 싶네 바스카 포파의 「작은 상자」에 든 월계관표 콘돔

    지친 뒤 늘 혼자
    한잔의 술에 취해 서쪽
    하늘의 능선에다 번번이 토악질을
    벌겋게 한 뒤 주저앉는 태양이여
    안심하라 우리들 인간도 밥에 취해
    주저앉기는 마찬가지 어떻든
    쉬는 것은 일요일의 복음이고
    취하는 것은 人生의 복음이고
    나는 지금 쇼핑 센터를 돌며
    오징어 다리를 잔인하도록 유쾌하게 찢어
    씹는다 가로등이
    주둥이 밑으로 찝찝한
    타액을 조금씩 양을 늘려
    흘리기 시작할 때

詩人 久甫氏의 一日 4
―다방에서

사물이, 모든 사물이 그냥
그대로 한 편의 詩이듯
사람이, 사람들이 또한
모두 詩구나
詩가 그릇이라면 모든
사물도 그릇이며
詩가 밥이라면 모든
존재 또한 지상의 밥이니
대리석과 벽돌과 유리문
유리문의 손잡이
접혀오는 계절인 층계
명식이, 종만이, 훈이며

정신의 비유인 비계와
삼겹살과 등심의 골편이며
지상의 욕망이며 비렁뱅이의
근성으로 흐르는 피인
나도 그냥 詩구나

서 있어도 詩
걸어다녀도 詩

다방에 앉아 있어도 詩

血淸의 상징인 눈이며
창, 창을 지우는 구름
앉으면 어깨가 나직한 의자도
당신과 나 사이의 벽도
안과 밖을 가르는
차단한 등불이구나

다방에 오신 여러분
이 다방의 살아 있는 피며 밥인 여러분
자, 차나 한잔!

詩人 久甫氏의 一日 5
―눈싸움

눈이, 하얀 눈이 온다 나는
나의 적인 내 자식들과 벽과 나의 적인 적과
눈싸움을 한다 보드라운
눈송이를 두 손으로 모아 쥐면
차고 무서운 힘이 된다 눈이
하얀 눈이 오면 피가 따스하다
피가 따스할 때
내 피가 따스할 때 눈싸움을 하자
눈싸움은 아직 피가 따스할 때의 싸움

눈은 높은 곳에서 내려온다 눈이
내려오는 것은 하늘의 집이 이 땅의
낮은 곳에 있고 나의 적들과
내 집이 그곳에 있고
눈이 제일 먼저 가장 낮은 곳에
쌓이는 것도 아직 따스한 사랑이
낮고 더러운 우리집 근처에
젖어 있는 탓이다 눈이
하얀 눈이 온다 나는 낮은 곳에서
눈을 뭉치고 눈 오는 날만큼은
나에게도 너에게도 차고 무서운

눈덩이를 던지며 싸운다

눈싸움은 깨끗한 것으로 싸우는 싸움
얻어맞으면 체온이 더 따스하고
내가 피하면 얻어맞은 벽도 깨끗해진다
눈싸움은 눈덩이가 녹는 싸움 눈이
녹고 나와 적이 녹고
함께 물이 되어 숲이나
강으로 가서는 물로 흔들린다
눈이, 하얀 눈이 온다
나는 눈이 오면 적들과 눈싸움을 한다
눈이 제일 먼저 쌓이는 낮은 곳에서
이기기보다 지기 위해서

詩人 久甫氏의 一日 6
──뿌리를 못 내리는 치자나무를 보며

1

치자나무한그루를샀습지요
이십대아낙이길바닥에퍼질고앉아서파는치자한그루를샀습지요
치자나무한그루를사지않았습지요
대림시장길목에벌여놓은한여자의대한민국을나는사지않았습지요
길바닥에내놓은이봄의대한민국과
땅바닥에주저앉은한여자의서울을
아낙은팔지않았습지요
나는치자나무를샀지만또사지않기도하였으므로치자는꽃피지않고
꽃피지않는아침이왔습지요

2

꽃피지않는아침에도대림시장입구는
오늘도길이열렸고열린길은여러집대문을두드렸습지요
나는치자나무한그루를또사기도하고사지않기도하였으므로
어제까지도무겁게보이던아낙의엉덩이가오늘은넓게보이고
바람이지나가도오늘은아낙이밀리지않고
앉은그자리에서아낙이바람으로부는아침이거기에있었습지요

詩人 久甫氏의 一日 7
―개나리꽃밭에서 불러본 동요

엄마엄마이리와요것좀보세요
개나리꽃밭에오늘은봄비가병아리로종종거리고
노랗게종종거리는봄비를개나리가데리고
언덕너머대학에서온페퍼포그의
아랫도리사이로떠돌아요

저기유락시설의풀밭에서
소주병파편으로솟는봄비
인근공사장에서는인부의사라진인건비대신
녹슨못으로꽂히고
엄마엄마이리와요것좀보세요
높은나무로앉고
낮은풀로서는봄비는서울남산개나리
울타리로나란히서요

떠도는개나리가봄비를타고오르는동안
남산의언덕위에길건너서울안개
젖은미래로와무덤으로낮게눕고
엄마엄마이리와요것좀보세요
계절의바짓가랑이가그래도
그래도흘러내려요

詩人 久甫氏의 一日 8
―5월, 어느 대학에 보낸 축시

오늘은 잔디밭의 잔디에게
인사를 하자
37년간 함께 밟은
오오랜 인사를 하자
지난날 그랬듯이 오늘도
잔디를 밟고
계속 잔인하기로
잔디에게 문안을 하자

오늘은 잔디밭의 바람에게도
인사를 하자
낮은 어깨를 더 낮게 눕혀서
눕고 일어서는 일이
물로 흐르는 바람에게
우리도 물로 흐르는 잔디로 누워
뿌리로 인사를 하자

인사는 물로 흘러야 비로소
도달하는 곳이 있다
동서와 남북의 하늘이 오늘
서로 흩어져 하늘의 자리를 비우고

흩어진 하늘이 각각 잔디밭에 내려와
두 다리를 불편하게 잔디로 뻗고 있다
인사를 하자 오늘은
하늘의 허리를 세워주고 있는
저 바람과

흐린 다리에 묻어 있는
모래알의 하루에게
모래알보다 작은 우리가
이제 물로 스며서
우리가 어제보다 더 작다고
인사를 하고
우리가 내일은 오늘보다 더 작다고
인사를 하자

詩人 久甫氏의 一日 9
―8월의 입원실에서

다친 곳은 분명 내 허리인데
우리는 두 다리가 아프다
다친 곳은 분명 내 허리인데
어린 아들과 나는
두 다리가 바투 아프다

아내는大兄과짜고나를 入院시켰다나의여름은當日 大兄의醫師
와看病員外는 出入이統制되고監視所가서고 窓밖여름의茂盛한잎
사이로 새는모스符號로울었다 우리나라地圖처럼구부러져 누운나
의허리는放置되고 다치지않은두다리에내가 堪當해야한다고아내
와짜고 大兄이준무게의足鎖가매달렸다 다친곳은分明내허리인데
當日부터 病院밖아내의두다리와수상한者의다리가아프고 두손바
닥만한窓으로기어드는 햇빛의허리가구부러졌다나는 주는藥의質
과量에알맞추自由롭게아팠다 窓을움켜쥔엄청난여름은세로로가득
서서 나를自由롭게가지고놀았다國道처럼 地圖속에누워있는나는
다친곳은허리인데 두다리가아프고두다리를 묶어놓은大兄의足鎖
는足鎖가아팠다 여름은이미充分히자란잎의허리를꺾고 새로돋는
잎은꺾인허리위로 파란宿命의直立을步行했다나는

두 다리를 잡아당기고 그들에게 웃고
옷을 벗기고 그들에게 웃고

검토당하고 그들에게 웃고 기꺼이

　하루세번노란알藥을擔保로　하루分씩時間을貸付받았다　韓國造幣公社의專屬모델인世宗大王이여　다친곳은分明한글世代인내허리인데　아내는두다리가新武器로아프다고　여름의朝刊은몇世紀늦게알려왔다　우리나라新聞들이活字를平體로　漸次바꾸고있는것은韓國人의　눈을爲해서이다活字들은　조금씩키가작아졌고나는　便해진내눈이進步된이視覺文化의　時代를逆行하여舊式으로아프다舊式으로　아픈내눈에새로돋는모든　잎은宿命의直立을步行하는데美國의對韓貿易壓力과南北韓故鄕訪問團을읽는　내눈을避해키가작아진重要項이바퀴벌레모양 재빨리行間사이로도망가고도망가고

　저기 저 창밖의 여름
　새로 태어나는
　절망도
　통조림도
　무덤도 모두
　直立을 하는구나

　새로 생겨난 나의
　간병원의 두 다리와

모스 부호로 우는 새와
신문 밖의 이 여름 당신의
權力까지도!

다친 곳은 분명 내 허리인데
따로 떨어져
어린 아들과 나는
두 다리가 서로 바투 아프다

詩人 久甫氏의 一日 10
―부산의 한 부두에서

이십사 년 만에 5·16 이후
처음 부산 충무동의 부두에
혼자 서서 하루분의 구두끈
을 나는 고쳐 맨다 바다가
밀려와도 지금의 나는 바다
로 젖지 않는다 서 있는 그
자리에서 내가 육지로 파도
친다 밀수로 망한
누이 집 앵두의 잎은 잎맥
의 끈을 그때처럼 충실히
고쳐 매고 부두의 간이 음
식점 벽 틈에 뿌리박고 아
침저녁 파도 소리 속을 자
맥질하던 나팔꽃은 이 아침
도 바다와 육지의 이음새를
꿰매고 있다 내가
태어난 식민지 시대 이후
지금까지 잡종답게 색을 바
꾸며 피지만 바다로부터 잡
종의 해도 곧잘 끌어올렸다

부두의 간이 음식점 벽에
걸린 낡은 거울에도 바다는
차오르고 라면을 먹는 내
젓가락에 걸리는 수평선은
삶긴 라면만큼 흐물흐물 구
부러진다 흐물흐물해진
수평선을 목구멍으로 밀어
넣는 나를 반기는 이 아침
부두의 나팔꽃 메아리는 어
디서 벌써 한탕을 하고 오
는지 찝찔하고 감미롭다 내
가 누이 집에서
신고 버린 게다짝과 미군
군화는 앵두나무 밑에 터를
잡고 앵두 열매는 빨갛게
잘도 여전히 익고 있다 휴
일 TV 화면에는 찬란한 샐
비어 꽃잎 사이로 파란 바
다를 밀어넣고 충무동의 바
다는 육지에 밀려 아랫도리
의 식민지가 다 젖었다

다 젖지 않았다
식민지 시대들은
다 젖지 않았다
신탁통치 결사들은
다 젖지 않았다
다 젖지 않았다
금박 포장지와 라면 봉피와
순회 공연 중인 「별」들은

다 젖었다 나는 나무젓가락
으로 다꾸앙과 비린내를 뚫
고 오는 식민지 시대 이후
찝찔하고 감미로운 잡종의
메아리를 라면과 함께 입
속으로 밀어넣고는
식탁 위에 놓인 싸구려 베
고니아 한 송이에 가려 부
산의 바다가 간단히 깨어지
고 지워지는 광경을 TV 화
면 밖에서 본다 호화

여객선과 거대한
유조선이 지나가는 TV 속
의 바다가 몇 개 남지 않은
섬의 발목을 잡고 수면 아
래로 끌어내린다 섬의 날개
가 젖고 바다가 기운다 바
다가 기울자 순간 카메라를
잡은 손이 바다를 깨끗이
화면 밖으로 쏟아버린다

식탁 위에는
    내가 먹다 남긴
  라면처럼
  녹슨 의자에 걸려
  끊어진 수평선이
 툭툭툭 떨어져
    구부러지고

詩人 久甫氏의 一日 11
──바닷가에서

파도는 습기 많은 모래부터 데리고 갔다
모래밭에서 사랑에 굶주린 사람들은
길 밖에서 수상한 천막을 쳤다 단 하루도
모양을 갖추지 못한 내 발자국 오호 애재라
그래도 나는 그림자 밖에서 病처럼 따스하고
파도는 확신을 가지고 내 서툰 피의
귀싸대기를 갈겼다 철썩, 철썩,
중심 없이 흐린 하늘의 잔별이 깨어졌다
잡초처럼 튼튼한 뿌리를 가진 바닷새는
깊은 발자국을 피해 새벽까지 내려앉고

바다를 오래 지킨 파도는 짜고

詩人 久甫氏의 一日 12
―포구에서

새가 날지 않고 땅 위로 걷는 아침이다
기름값을 못 해낸 배가 어부들을
보내고 혼자 주저앉아 견디고 있다
집을 떠나 여기에서 서성거리는
나보다 물이 빠진 포구에
묶인 배들의 다리가 더 저리고
배와 내가 함께 감추고 싶은 것을
서로 모른 척할 때마다 흔한 돌부리가
유난히 선명해지는 아침이다

물이 빠진 포구에는 뻘이 묻은 하늘이
내 어깨를 잡고
우리에게 내려진 저주와 내 육신이
소금기에 함께 녹이 스는 아침이다
일찍 발이 더러워진 새들은 이제
뻘밭에서 허리가 자유롭고 아직도 나는
어망 곁에 버려진 잡어의 하루를
자박자박 건너간다
날지 않고 걸어서 건너간다

詩人 久甫氏의 一日 13
──다시 남산에서

맞아 죽은 개처럼 아카시아는 사지를 뻗는다
깜깜한 행복처럼 사철나무 밑에서는 구더기가 긴다
썩은 시체처럼 남산으로 오르는 길이 살을 풀어내린다
뼈는 두 다리를 벌리고(혹은 오므리고)
다큐멘터리 필리핀처럼
다큐멘터리 회식 사건처럼 신화처럼
개나리는 노랗게 폭발한다

자궁외 임신처럼
오접된 전화처럼

봄은 '오늘도 무사히' 모욕처럼

詩人 久甫氏의 一日 14
—봄, 여름, 가을, 겨울

봄이 왔다 갔다 한반도에 여름이 왔다 갔다 오랑캐꽃이며 패랭이꽃은 지난해보다 더 불안하게 피었다 졌다 가을은 오는 듯 가출한 아이들과 임시 천막을 거두고 새처럼 사라지고 사산된 아이들이 계곡에서 우는 소리가 겨울의 비를 온몸 안으로 우우우 흩어놓곤 했다 눈도 오지 않는 겨울

사람을 찾아오는 길 하나
불치의 병처럼 갈 줄 모른다

이반 데니소비치의 하루

　봄이오, 1985년 3월이오, 재채기가 만발하는 데모로다
　이반은 최루탄 살포 지역을 피해 급히 충무식당으로 뛰어간다 일인분의 밥그릇에 수북이 차오르는 백반의 높이가 가장 확실하게 두툼한—

나는 부활할 이유가 도처에 없었다

1

봄은 부활절 이전에 부활해서 신문에 난 자신의
사진을 확인한 뒤에야 화염방사기를 주문했다

아무도 부활하지 않는 부활절이 오고

봄은 여름보다 먼저 왔다는 물증을 확보하기 위해
3월의 달력을 찢어 역사의 행간에 끼워두었다
(그러나 봄이 겨울보다 늦게 왔다는 물증으로 나는
12월·1월·2월의 달력을 모두 역사의 행간에 끼워두었다)

2

봄은 내 몸에 5cc 주사기로 아지랑이를 혈관에 퍼질러놓았다
봄은 내 허파의 갈라진 아스팔트 사이로 들풀을 진격시켰다
봄은 내 신장에 콩과 팥을 심고
봄은 내 몸을 지구의 축에 매달아 돌렸다 나는
봄에 자전하는 서울의 地區로 아롱거렸다

3

나는 봄에게로 가서 어떤 의미가 되지 않았다 나는
기혼 남자였고 아내가 무서웠기 때문이다
나는 봄에게로 가서 꽃이 되지 않았다 내가
인간으로 태어난 사실을 남들도 다 알고 있었기 때문이다
나는 봄에게로 가서 부활하지 않았다 나는
호적에 사망 신고가 되어 있지 않았기 때문이다

4

나는 부활절 이전과 이후에도 부활하지 않았다 전경처럼
개나리 편대의 노란 폭발음에 더 독해지는 최루탄처럼
화장을 하고서야 안심하는 아내의 화장독처럼 나는
살아 있었으므로 부활할 이유가 도처에 없었다

오늘

내일이면 나도 모른다
내일 아닌 오늘은
여자는 모두 예쁘구나
고백 수기로 가득 찬
여성지를 든 여자가
고백 수기만큼
매니큐어한 여자가
페디큐어한 여자가
돈짝만한 귀고리를
두 귀에 단 여자가
정말 돈짝만큼 예쁘구나

내일 아닌 오늘은
성형 수술에 실패한
짝짝이 쌍꺼풀의 여자가
짝짝이로 예쁘구나
입술 연지로 다 못 가린
파리한 입술의 여자가
스커트의 중심이
한쪽으로 기울어
두 쪽 엉덩이의 크기가

달라진 여자가 예쁘구나
큰 쪽 엉덩이의 크기로
예쁘구나
내일이면 나도 모른다
그러나 내일 아닌 오늘은

모래와 코카콜라

물이 밀어올리고 물이
펼쳐놓은 先山川의
모래야 작은 모래야
너의 우주에도 석류나 치자
제라늄 뭐 그런 꽃이
피기는 하는가 그런 꽃의
계절이 돌기는 하는가
너의 방에 켠 먼지 같은
등이 꺼졌다 켜졌다 한다

엉덩이를 모래 사이에 쑤셔넣고
코카콜라 빈 병 주둥이
(미제 지대공 미사일 탄두!)
고개를 쳐들고 웃고 있다
물이 밀어올리고 펼쳐놓은
先山川 모래밭
작은 모래야

해태 들菊花

해태 들菊花 ―
해태 들菊花 ―

꿀벌이 껌을 꺽꺽 씹으며
날아간다

들菊花 만발한 안산 동부 지구

監視哨의 그늘을 파랗게 뚫으며
풀들
침을 영혼에 넘기는 소리

빙그레 우유 200ml 패키지

1. '양쪽 모서리를
   함께 눌러주세요'

   나는 극좌와 극우의
   양쪽 모서리를
   함께 꾸욱 누른다

2. 따르는 곳
      ⇩

   극좌와 극우의 흰
   고름이 쭈르르 쏟아진다

3. 빙그레!

   ─나는 지금 빙그레 우유
   ─200ml 패키지를 들고 있다
   ─빙그레 속으로 오월의 라일락이
   ─서툴게 떨어진다

4. ⇨

5. ⇨를 따라
　 한 모서리를 돌면

　 빙그레— 가 없다

　 다른 세계이다

6. ⇧ 따르는 곳을 따르지 않고
　 거부한다

　　다른 모서리로 내 다리를
　　내가 놓는 오월의 음지를
　　내가 앉는 의자의
　　모형을 조금씩 더
　　옮긴다…… 이 地上
　　이 地上 오월의 라일락이
　　서툴게 떨어진다

MIMI HOUSE
―인형의 집

미미의 집은 DM8611
미미가 혼자 산다고 전해지지요
북구풍 연분홍색 2층집
타원형 창문이 현관 좌우로
하나씩 이층에도 좌우로
하나씩 다락에는 둥근
들창의 유리가 우물처럼
하늘을 잠그고 있다고 전해지지요

금빛 열쇠로 현관 문을 열면
아름다운 미미가 웃으며 아직도
살아 있는 기적의 우리를
맞이한다고 말들 하지요
북구풍 둥근 들창에는 구름이
구름이 늘 씻기고
미미의 집은 미미까지 합해서
35,000원 금빛 열쇠가 우리를
허락한다고 말들 하지요

미미에게는 멋쟁이 언니 발레리나
미리, 스튜어디스 유리와

다정한 안나란 친구가 있다고
전해지지요(부모가 있다는 말은
들은 바 없지만) 신나는
드라이브를 즐길 하이킹 세트와
야회복과 우유를 먹으면 오줌을 싸는
인형과 가발과 화장품과
COOKING SET가 있다고 전해지지요
응접 세트와 딜럭스 침대와
호화로운 욕실이 있다고
전해지지요 미미의 집에는

뜰에는 잔디가 길을 비키고
미미의 집은 미미와 합해서
35,000원 초인종을 눌러도
현관 문을 연다고들 하지요
미미는 미미의 집에서 산다고들
하지요 언제나 웃는다고
하지요 당신이 쥐어박아도
옷을 벗겨도 물을 먹여도
미미는 웃는다고 전해지지요
모가지만 그대로 두면

(미미 클럽 회원을 모집하고 있어요!)

가끔은 주목받는 生이고 싶다

선언 또는 광고 문안

단조로운 것은 生의 노래를 잠들게 한다.
머무르는 것은 生의 언어를 침묵하게 한다.
人生이란 그저 살아가는 짧은 무엇이 아닌 것.
문득—스쳐 지나가는 눈길에도 기쁨이 넘치나니
가끔은 주목받는 생이고 싶다— CHEVALIER

개인 또는 초상화

벽과 벽 사이 한 女人이 있다. 살아 있는 몸이 절반쯤만
세상에 노출되고, 눌러쓴 모자 깊숙이 감춘 눈빛을 허리를
받쳐들고 있는 한 손이 끄을고 가고.

빛 또는 물질

짝짝이 여자 구두 한 켤레가 놓여 있다
짝짝이 코 끝에 영롱한 스포트라이트의
구두 발자국.

롯데 코코아파이 C.F.

1. 어깨가 사관생도의 제복처럼 볼록한
   흰 투피스를 입고, 가수 이은하가
   흰 빵모자를 쓰고 오른손 검지를 빳빳하게 세우고
   말한다 — 입맛이 궁금할 때 맛있는 게 무어냐
   이은하의 눈과 귀는 웃고, 왼손에 쥔
   뭉텅한 마이크의 오렌지색 대가리가 巨하다

2. 십대 바이올리니스트와 첼리스트는
   무조건 즐겁다
   롯데 코코아파이—
   (짜라잔잔잔)

3. 클로즈업된 코코아파이 — 거대한
   코코아파이를 괴물의 두 손이 빠갠다
   코코아 비스킷 속에 마시멜로가
   제4빙하기같이 눈부시게 계곡을 덮고 있다

4. 이은하가 모가지를 삐딱하게 하고
   고백한다 — 난 그 맛에 반했어
   난 정말 반했어
   코코아파이를 쥔 왼손은 내 쪽으로 내밀고

오렌지색 대가리만 자기 입 쪽으로 당긴다!

5. 童女 셋 合唱
   ― 이름만 들어봐도
   침 넘어가요

6. 드디어 이은하가 마이크를 오른손으로
   옮겨 잡고 왼손바닥을 쪽 펴고
   마지막 순간을 향하여 눈을 치켜뜨고
   입을 크게 벌리고 소리친다
   ― 확실히 맛있는 걸 찾을 땐

7. 이은하 뒤에서 한 사내가 노래한다
   ― 그럼요 그럼요

8. 클로즈업된 이은하의 눈꼬리가 동서로
   치닫는다 불타는 입술 사이에 가지런한
   흰 이빨이 남북으로 부닥친다
   (이은하는 지금 롯데 코코아파이 C.F.
   속에서 즐긴다)

롯데 코코아파이에 들어 있는—
희망 소비자
가격 100원

자바자바 셔츠

자아바, 자아바
쿵(발을 구른다)
고올라, 자바
짝짝(손뼉을 친다)
아무 놈이나
쿵, 짝짝

자아바, 자아바
쿵(발을 구른다)
고올라, 자바
짝짝(손뼉을 친다)

여기는 남대문시장 오후의
난장이다 티를 파는 李씨는
리어카 위에 올라 肉鐸을 친다
하루의 햇빛은 쿵 할 때마다 흩어지고
짝짝 손뼉에 악머구리처럼 몰려오고
여자들은 제각기 두 발로 와서
李씨의 가랑이 밑에 허리를
구부린다 엘리제 카사미아 캐논 히포
아놀드 파마 새미나 마리안느를

두 손으로 잡는다 건방진 여자들은
한 손으로 제 얼굴까지 바싹 끌어당긴다

상가의 건물은 金剛의 영혼으로
여자들의 어깨를 짚고
여자들은 우뚝 선 李씨 무릎 아래 엎디어

자아바, 쿵
(잡는다)
고올라, 자바
짝짝
(골라잡는다)
고올라, 고올라
(잽싸게 고른다)
자바자바
(끌어당긴다)

여기는 서울의 난장이다
李씨는 잡히는 대로 티를
구석으로 팽개친다

자바자바
그놈
골라자바
그놈

NO MERCY

―근육질의 남 리처드 기어
　섬유질의 여 킴 베신저

　키스 신
　(상상하시오)

(14：20분. 광고 회의는 아침 10시부터 계속된다. 출입문 구석에 놓인 중화요리 그릇 더미 틈새기로 자장면 방향이 탁자 위에 구겨진 이불처럼 몸을 포갠 키스 신들 위로 덮친다. 남녀 주인공을 음각한 문안을 낸 朴氏는 일찌감치 지친 尹氏의 귓속으로 아리랑의 열반 무늬를 들여보낸다. 李部長은 거 뭐 짜릿한 거 없어를 연발하며 두 다리를 탁자 위로 올린다. 건대 학생 데모 사건에 연루된 아들 소식이 궁금한 朴氏는 집으로 전화를 또 한다. 띠리리, 띠리리리, 띠리, 띠리리리…… 남녀가 껴안고 뒹구는 사진을 한눈으로 보며 다이얼을 돌리던 그는 문득 아득히 손을 멈춘다. 띠리리, 띠리, 띠띠리, 띠리리리…… 部長은 朴氏의 메모를 보고 낄낄 웃는다.

　―관능의 모스 부호 타전 시작!

　베드 신
　(상상하시오)

(소주병이 들어오고, 오징어 다리가 찢어지고, 한 잔씩 카아 하고, 증권 시장에서 막차를 탔다가 본전을 축낸 尹氏는 연달아 석 잔을 쭈욱 하고, 16 : 10분. 체감 온도가 급상승한 우리들은 킴 베신저부터 시작 리처드 기어의 물건까지 품평하고 部長은 마무리 문안을 대충 긁어 던지며 못 먹어도 고! 하고 볼펜을 놓았다.)

　──운명의 사슬에 엮어진
　　체온 37도 8부의 남녀

　　반나신 포옹 신
　　(상상하시오)

　(세 사람은 사우나탕으로 가고, 나는 집에서 한국형 장티푸스를 앓고 있는 뜨거운 아내 몸을 떠올리며 존다. 18 : 40분. 잠 깬 나는 앵무새 문신을 한 여자의 상반신 나신을 본다. 운명의 체감 온도는 37도 8부. 나는 구급함에서 체온계를 꺼내 겨드랑이에 끼고 서울의 동쪽을 껴안는다. 3분 뒤 꺼내보고 다시 털어서 끼고 5분 뒤에 꺼내본다.)

　　비정의 사랑이여 나의 세포

은하수여 체온계는 36도 4부에
턱걸이를 하다 쪼그라들고 있다

─절찬리 상영 중

근육질과
섬유질
그들끼리만 열나게 뜨거운
세상

세상이 있단다
아가야

사냥꾼의 딸
──14시 10분~14시 30분 사이

　사각바 열 개를 求하기 위해 나는 한 神殿에서 이마에 땀을 흘리며 응혈의 아이스박스를 뒤졌다 多神은 불편해라 서로 굽힌 허리가 걸린다
　젊은 주부 하나 사랑의 비비콜 한 상자를 갈구했다 제단에서 비비콜 한 상자를 끌어내려 司祭는 먼지를 탁탁 털었다 오, 높은 곳의 사랑은 끝이 없고 낮은 곳의 계곡은 깊고 무서워라
　한 사내가 波羅密多의 아리랑 한 곽을 求했다
　한 사내가 金剛의 소주 두 병을 求했다
　한 여자가 改新의 맥주 다섯 병을 求해갔다
　늙은 영감은 오지 않았다
　신도가 오지 않는 잠깐 동안 신전에서 초여름이 시꺼먼 발가락을 내밀고 무좀을 긁었다
　세 살짜리 계집애가 拜金의 초콜릿 하나를 돈 없이 집었다 司祭는 엄마를 데리고 오라고 고함을 질렀다
　한 손에 초콜릿을 쥔 채 계집애는 가지 않고 으앙으앙 울었다

　엄마는 산 너머 사냥을 가고 없었다
　초여름 바람이 사냥꾼의 땀냄새를 갈고리로 긁어 계집애의 얼굴에 척척 붙였다 祝福이여 祝福이여

프란츠 카프카

― MENU ―

샤를 보들레르	800원
칼 샌드버그	800원
프란츠 카프카	800원
이브 본느프와	1,000원
에리카 종	1,000원
가스통 바슐라르	1,200원
이하브 핫산	1,200원
제레미 리프킨	1,200원
위르겐 하버마스	1,200원

시를 공부하겠다는
미친 제자와 앉아
커피를 마신다
제일 값싼
프란츠 카프카

눈의 老化—나이 탓만은 아닙니다

내 눈의 금수강산 水晶體의
능선에는
동족상잔의 포화가 날고 있다

늙어버린 아이들이 참호와 포연 사이로
먹을 것을 찾아
알프스 山의 羊떼처럼
고개를 떨어뜨리고 걷고 있다

—눈 노화 지연 및 수정체 혼탁
　　예방 치유 '케시딘'
혹은 공기
혹은 물

나는 약을 찾아 약방을 기웃거린다

그것은 나의 삶

한 쌍의 남녀(얼굴은
대한민국 사람이다)가
사막을 걸어가고 있다

한 쌍의 남녀(카우보이
스타일의 모자를 쓴 남자는
곧장 앞을 보고—역시
남자다, 요염한 자태의 여자는
카메라 정면을 보고—역시
여자다)가 사막을 걸어가고 있다

이렇게만 씌어 있다
동일레나운의 광고
IT'S MY LIFE—Simple Life

(심플하다!)

Simple Life, 오, 이 상징의
넓은 사막이여
사막에는 生의 마빡에 집어던질
돌멩이 하나 없으니—

제목 색인

* 로마자는 권수를, 아라비아 숫자는 페이지 수를 나타냄.

ㄱ

「꽃」의 패러디 I-252
가끔은 주목받는 生이고 싶다 I-396
가나다라 I-168
가을 II-280
가을이 왔다 II-444
간판이 많은 길은 수상하다 II-36
강 II-209, 283
강 건너 II-406
강과 강물 II-362
강과 나 II-359
강과 둑 II-358
강과 사내 II-363
강변 II-435
강변과 모래 II-361
개똥참외 II-97
개봉동과 장미 I-109
개봉동의 비 I-222
거리와 사내 II-366
거리의 시간 II-167
거울 또는 사실에게 I-325

겨울 a Ⅱ-428

겨울 b Ⅱ-429

겨울 나그네 Ⅰ-70

겨울숲을 바라보며 Ⅰ-207

경복궁 Ⅰ-169

계획서를 보며 Ⅱ-318

고려 영산홍 Ⅱ-257

고요 Ⅱ-432

고통이 고통을 사랑하듯 Ⅰ-156

고향 사람들 Ⅰ-113

골목 1 Ⅱ-217

골목 2 Ⅱ-218

골목과 아이 Ⅱ-347

골목에서 Ⅰ-236

空山明月 Ⅱ-98

공중전화 Ⅰ-275

구둣발로 차고 가는구나 Ⅰ-355

구멍 Ⅰ-262

구멍 하나 Ⅱ-443

9월과 뜰 Ⅱ-378

구체적인 얘기를 Ⅰ-123

국화와 감나무와 탱자나무 Ⅱ-296

국화와 벌 Ⅱ-379

귤을 보며 Ⅰ-331

그 다음 오늘이 할 일은 Ⅱ-303

그 마을의 주소 Ⅰ-33

색인 411

그 말 그대로 I-301

그 여자 II-42

그 이튿날 I-35

그 회사, 그 책상, 그 의자 I-172

그것 참, 글쎄…… I-289

그것은 나의 삶 I-409

그는 아직도 팔굽혀펴기를 하고 있다 II-27

그늘 II-291

그대와 산 II-399

그들이 빛나지 않으므로 I-251

그렇게 몇 포기 I-284

그리고 그곳에는 I-250

그리고 우리는 I-88

그림과 나 II-176

그림과 나 1 II-349

그림과 나 2 II-350

그림과 나 3 II-351

그림자와 길 II-373

그림자와 나무 II-355

그의 방 II-171

기댈 곳이 없어 죽음은 I-81

기울어진 몸무게를 바로잡으려고 I-120

길 II-438

길 I-19, II-118, 224, 305

길 밖의 물 II-25

길과 길바닥 II-420

길과 아이들 II-367

길목 II-37

김씨의 마을 I-125

김해평야 I-175

깡통 II-94

꽃과 그림자 II-165, 371

꽃과 꽃나무 II-407

꽃과 새 II-255

꽃이 웃는 집 I-36

꿈꾸는 대낮 II-332

꿈에 물먹이기 I-217

끈 I-282

ㄴ

NO MERCY I-403

나는 부활할 이유가 도처에 없었다 I-385

나무 II-253

나무 속의 자동차 II-309

나무야 나무야 바람아 I-320

나무에게 I-351

나무와 나무들 II-380

나무와 돌 II-342

나무와 잎 II-374

나무와 해 II-254

나무와 햇볕 II-408

나무와 허공 II-426

나비 II-211

나와 모래 II-188

나의 데카메론 I-166

남대문시장에서 I-345

남들이 시를 쓸 때 I-107

내 머리 속까지 들어온 도둑 I-277

내가 꽃으로 핀다면 II-281

너 II-78

네 개의 편지 I-198

노루와 너구리 II-335

누란 II-107

누이 分得 I-312

눈과 물걸레질 II-431

눈물나는 잠꼬대 1 I-218

눈물나는 잠꼬대 2 I-220

눈송이와 전화 II-392

눈의 老化──나이 탓만은 아닙니다 I-408

ㄷ

다라니경 II-51

다섯 개의 寓話 · 1 거울 I-264

다섯 개의 寓話 · 2 노래 I-266

다섯 개의 寓話 · 3 우리집 아이의 장난 I-267

다섯 개의 寓話 · 4 공기 I-269

다섯 개의 寓話 · 5 시계와 시간　Ⅰ-271

단장 1　Ⅰ-115

단장 2　Ⅰ-116

단장 3　Ⅰ-117

단장 4　Ⅰ-118

당신에게 남겨놓은 자리　Ⅰ-273

당신을 위하여　Ⅰ-150

당신의 몸　Ⅱ-34

대낮　Ⅰ-56

대방동 조흥은행과 주택은행 사이　Ⅱ-118

더럽게 인사하기　Ⅰ-280

덤불과 덩굴　Ⅱ-414

도로와 하늘　Ⅱ-368

돌　Ⅱ-210

돌멩이와 편지　Ⅱ-385

冬夜　Ⅰ-208

童話의 말　Ⅰ-287

두 개의 낮달　Ⅱ-49

두 장의 사진　Ⅱ-192

두 風景의 두 가지 이야기　Ⅰ-243

둑과 나　Ⅱ-360

들찔레　Ⅱ-229

들찔레와 향기　Ⅱ-161

들판　Ⅰ-40

등기되지 않은 현실 또는 돈 키호테 略傳　Ⅰ-182

登村童話　Ⅰ-293

따뜻한 그늘 II-103
따스한 겨울 II-336
떨어져 내린 빛은 I-87
뜰 II-307
뜰 앞의 나무 II-147
뜰과 귀 II-381
뜰의 호흡 II-145

ㄹ

라일락과 그늘 II-405
롯데 코코아파이 C. F. I-397
루빈스타인의 초상화 I-61

ㅁ

MIMI HOUSE I-393
마을을 향하여 II-151
마음이 가난한 者 I-261
마지막 웃음소리 I-84
마흔여덟 통의 사랑편지와 다른 한 통의 사랑편지 II-448
만남이 무엇인지도 모르고 I-95
말 I-342
亡靈童話 I-158
맹물과 김씨 I-42
明洞 1 II-44

明洞 2 **II-45**

明洞 3 **II-46**

明洞 4 **II-47**

明洞 5 **II-48**

몇 개의 불빛만 **I-122**

몇 개의 현상 **I-64**

모래와 코카콜라 **I-389**

모자와 겨울 **II-394**

牧丹 **II-79**

목수네 아이 **II-68**

목캔디 **II-58**

몸과 다리 **II-353**

무덤 **II-104**

무릉 **II-138**

無法 **I-352**

무서운 계절 **I-38**

무서운 사건 **I-28**

門 **I-234**

문득 잘못 살고 있다는 느낌이 **I-154**

물과 길 1 **II-130**

물과 길 2 **II-131**

물과 길 3 **II-132**

물과 길 4 **II-133**

물과 길 5 **II-134**

물물과 나 **II-243**

물물과 높이 **II-206**

物證 II-31

民畵 1 II-179

民畵 2 II-181

民畵 3 II-183

밀양강 I-309

ㅂ

바다로 가는 길 II-63

바다에 닿지는 못하지만 I-86

바다의 길목에서 I-329

바닷가 마을 II-289

바람과 발자국 II-427

바람은 뒤뜰에 와 I-110

바람은 바람의 마음으로 I-242

바쁜 것은 바람이다 II-65

박새 II-259

朴殷植之墓 II-81

발자국과 길 II-423

발자국과 깊이 II-383

밝은 밤 I-52

밤 1 II-276

밤 2 II-278

밤과 별 II-205

밥그릇과 모래 II-175

방 II-162, 267

房門 Ⅱ-101

방아깨비의 코 Ⅰ-177

방아깨비의 코 Ⅱ-331

버리고 싶은 노래 Ⅰ-153

버스 정거장에서 Ⅰ-343

베고니아와 제라늄 Ⅱ-404

벼랑 Ⅱ-227

別曲 Ⅱ-84

別章 3편 Ⅰ-98

병자호란 Ⅰ-164

보리수 아래 Ⅱ-117

보물섬 Ⅰ-160

보이는 것과 보이지 않는 것 Ⅰ-279

봄 Ⅰ-315

봄과 길 Ⅱ-251

봄과 나비 Ⅱ-403

봄과 밤 Ⅱ-400

봄날과 돌 Ⅱ-402

봄날의 산 Ⅱ-311

봄밤과 악수 Ⅱ-388

봄을 위하여 Ⅱ-322

不在를 사랑하는 우리집 아저씨의 이야기 Ⅰ-224

부처 Ⅱ-246, 445

분명한 사건 Ⅰ-21

분식집에서 Ⅰ-322

불균형, 그 엉뚱한 아름다움 Ⅰ-195

비 II-262
비가 와도 이제는 I-91
비가 와도 젖은 자는 I-78
비둘기의 삶 II-135
비디오 가게 II-32
비밀 I-92
빈 컵 II-87
빈약한 상상력 속에서 I-245
빈자리 II-244
빈자리가 필요하다 I-254
빗방울 II-434
빗방울 또는 우리들의 언어 I-190
빗소리 II-410
빙그레 우유 200ml 패키지 I-391
빛과 그림자 II-441
빨강 아니 노랑 II-334

ㅅ

3월 II-269
4월과 아침 II-401
4월이여 식탁이여 II-20
사내와 사과 I-47
사냥꾼의 딸 I-406
사당과 언덕 II-129
사람과 집 II-387

사랑 이야기 **I**-57

사랑의 감옥 **II**-43

사랑의 기교 1 **I**-212

사랑의 기교 2 **I**-214

사랑의 기교 3 **I**-215

사랑의 대낮 **II**-22

사루비아와 길 **II**-263

사막 1 **II**-29

사막 2 **II**-30

사방과 그림자 **II**-201

사진과 나 **II**-348

사진과 명자나무 **II**-395

산 **II**-260, 302

산 a **II**-248

산 b **II**-249

산과 길 **II**-413

살아 있는 것은 흔들리면서 **I**-89

살풀이 **I**-303

삼월 **I**-48

상사뒤야 1 **I**-229

상사뒤야 2 **I**-230

상징의 삶 **II**-195

새 **II**-164

새가 울지 않고 지나갔다 **II**-446

새와 그림자 **II**-424

새와 길 **II**-212

새와 나무 Ⅱ-298, 382

새와 날개 Ⅱ-425

새와 낮달 Ⅱ-384

새와 집 Ⅱ-236

새콩덩굴과 아이 Ⅱ-230

색깔이 하나뿐인 곳에서의 人間의 노래 Ⅰ-298

序 1 Ⅰ-103

序 2 Ⅰ-105

序 3 Ⅰ-106

서산과 해 Ⅱ-377

서울 · 1984 · 봄 Ⅰ-334

서쪽 마을 Ⅰ-54

서쪽 숲의 나무들 Ⅰ-17

서후와 길 Ⅱ-390

세계는 톡톡 울리기도 한다 Ⅱ-57

세헤라쟈드의 말 Ⅱ-113

소년과 나무 Ⅱ-159

소리에 대한 우리의 착각과 오류 Ⅰ-163

소주 한잔하게 하소서 Ⅰ-305

손 Ⅱ-112

頌歌 Ⅰ-209

송충이 Ⅰ-353

수수빗자루 장수와 가랑잎 Ⅱ-300

순례 序 Ⅰ-75

숲과 새 Ⅱ-356

숲속 Ⅱ-173

숲속에서는 II-314

詩 I-102

시간의 사랑과 슬픔 I-285

시월 俗說 II-185

詩人 久甫氏의 一日 1 I-357

詩人 久甫氏의 一日 10 I-376

詩人 久甫氏의 一日 11 I-380

詩人 久甫氏의 一日 12 I-381

詩人 久甫氏의 一日 13 I-382

詩人 久甫氏의 一日 14 I-383

詩人 久甫氏의 一日 2 I-360

詩人 久甫氏의 一日 3 I-363

詩人 久甫氏의 一日 4 I-365

詩人 久甫氏의 一日 5 I-367

詩人 久甫氏의 一日 6 I-369

詩人 久甫氏의 一日 7 I-370

詩人 久甫氏의 一日 8 I-371

詩人 久甫氏의 一日 9 I-373

시인들 I-205

시작 혹은 끝 II-220

시흥에서 I-306

식빵과 소리 II-418

식탁과 비비추 II-202

十全路의 밤 II-82

쑥부쟁이 II-442

씨앗은 씨방에 넣어 보관하고 I-308

ㅇ

5월 31일과 6월 1일 사이 II-316

WENG WENG II-66

아름다움은 남의 나라 I-97

아무리 색칠을 해도 I-82

아스팔트 II-26

아이스크림과 벤치 II-235

아이와 강 II-411

아이와 망초 II-354

아이와 새 II-433

아침 I-55

아침과 바람 II-370

아침부터 소화가 안 되는 얼굴을 한 꽃에게 I-155

아카시아 II-106

아프리카 I-307

안개 II-207

안과 밖 II-127

안락의자와 시 II-121

애인을 찾아서 II-157

양지꽃과 은박지 II-225

양철 지붕과 봄비 II-343

어느 마을의 이야기 I-114

어둠은 자세히 봐도 역시 어둡다 I-238

어둠의 힘 I-94

어떤 感動派 I-296

어떤 개인 날의 葉書 I-299

어떤 도둑 I-295
여름 II-415
여름 II-436
여름 한나절 II-294
여름에는 저녁을 II-271
여자와 굴삭기 II-416
여자와 아이 II-228
역사를 찾아서 II-80
염소와 뿔 II-258
오늘 I-387
오늘과 아침 II-250
오늘의 메뉴 II-19
오후 II-437
오후와 아이들 II-219
외곽 II-168
용산에서 I-149
雨季의 시 I-68
우리 시대의 純粹詩 I-255
우리가 기다리는 것은 I-93
우리는 어디서나 I-316
우리들의 어린 王子 I-281
우리집의 그 무엇엔가 I-240
우주 1 II-152
우주 2 II-153
우주 3 II-154
우주 4 II-156

운동 I-319
웃음 I-112
원피스 II-24
유다의 부동산 I-170
유리창과 빗방울 II-369
육체의 마을 I-44
이 가을에는 I-124
이 시대의 순수시 I-173
이 시대의 죽음 또는 우화 I-232
이른 봄날 II-287
이반 데니소비치의 하루 I-384
이상한 새 II-23
이토록 밝은 나날 II-71
인식의 마을 I-60
일요일 아침 II-293
입구 II-123

ㅈ

자바자바 셔츠 I-400
자작자작 II-252
잘생긴 노란 바나나 II-174
잠자리와 날개 II-247
잡풀과 함께 II-186
잣나무와 나 II-447
장미와 문 II-226

저 여자 II-40

저기 푸른 하늘 안쪽 어딘가— II-119

저녁 II-419

저녁때 I-119

적막한 지상에 I-80

절과 나무 II-245

절벽 II-92

접시와 오후 II-391

정든 땅 언덕 위 I-23

정방동에서 I-323

젖지 않는 구두 II-53

제라늄, 1988, 신화 II-60

제비꽃 II-160

제주도 I-276

조그만 돌멩이 하나 II-286

조주의 집 1 II-140

조주의 집 2 II-141

조주의 집 3 II-143

조팝나무와 새떼들 II-409

주인의 얼굴 I-62

죽고 난 뒤의 팬티 I-274

쥐똥나무와 바람 II-422

즉흥곡 I-63

지는 해 II-158

지붕과 벽 II-364

지붕과 창 II-213

색인 427

지빠귀와 잡목림 II-430

진실로 우리는 I-90

짐승의 시간 II-70

집과 길 II-124

집과 소식 II-396

집과 주소 II-393

집과 허공 II-365

ㅊ

1991. 10. 10-10 : 10∼10 : 11 II-170

1994 II-148

70년대의 流行歌 I-290

7月 素描 I-272

참새 II-273

책상과 화분과 꽃 II-274

처서 II-440

처음 혹은 되풀이 II-237

초록 스탠드와 빨간 전화기 II-150

충무로에서 I-347

층계 위에서 I-327

층층나무와 길 II-412

ㅋ

칸나 II-242

커피나 한잔 I-152
코스모스를 노래함 I-157
콩밭에 콩심기 I-202

ㅌ

타일과 달빛 II-389
탁탁 혹은 톡톡 II-196
테크노피아 II-93
토마토와 나이프 II-203

ㅍ

편지지와 편지봉투 II-386
포근한 봄 II-328
포도 덩굴 I-59
푸른 잎 속에 며칠 더 머물며 I-96
풀과 돌멩이 II-372
풀과 돌멩이 II-421
풀밭 위의 식사 II-99
풀의 집 II-91
프란츠 카프카 I-407

ㅎ

하나와 둘 I-349

하나와 둘 그리고 셋 II-232

하나의 꿈을 위해 II-312

하늘 II-216

하늘 가까운 곳 I-162

하늘 아래의 生 II-21

하늘과 돌멩이 II-204

하늘과 두께 II-352

하늘과 집 II-215

하늘과 침묵 II-346

하늘과 포도 덩굴 II-376

하늘에서 II-320

하늘엔 흰 구름 떠돌고 II-55

한 구도주의자의 고백 I-211

한 그루 나무에서 들리는 소리 II-324

한 나라 또는 한 여자의 길 I-185

한 마리 나비가 날 때 II-329

한 마리 새가 날아간 길 II-326

한 시민의 소리 I-318

한 잎의 女子 I-223

한 잎의 女子 1 II-109

한 잎의 女子 2 II-110

한 잎의 女子 3 II-111

한낮 II-417

해가 지고 있었다 II-439

해와 미루나무 II-357

해태 들菊花 I-390

행진 I-121

허공과 구멍 II-344

허공의 그 무게 I-83

현상 실험 I-49

현상 실험(別章) I-27

현황 B I-30

호명하지 않아도 I-85

호모 사피엔스 출신 II-85

호수와 나무 II-341

호텔 II-208

환멸을 향하여 II-86

환상 또는 비전 I-189

환상을 갖는다는 것은 중요하다 I-179

黃菊 I-350

회신 I-111

횔덜린의 그 집 II-178

후박나무 아래 1 II-88

후박나무 아래 2 II-89

후박나무 아래 3 II-90

戱詩 I-165